Christa Holtei

Das große Familienbuch der
Weltreligionen

Feste und Bräuche aus der ganzen Welt

Mit Bildern von
Tilman Michalski

Sauerländer

Inhalt

Feste rund um die Welt

Irgendwo auf der Welt wird in diesem Augenblick ein Fest gefeiert. Manchmal hört man etwas davon, wenn zum Beispiel in den Nachrichten darüber berichtet wird. Man merkt schnell, dass in weit entfernten Kontinenten aus ganz anderen Gründen gefeiert wird als hier in Europa. Meistens sind es religiöse Feste, die zur Tradition einer Volksgruppe oder eines Landes gehören.

WELTRELIGIONEN
(lateinisch religio = Gottesfurcht, Frömmigkeit, Aberglaube)

Religionen, denen die meisten Menschen auf der Erde angehören, nennt man »Weltreligionen«. Ungefähr zwei Drittel der gesamten Weltbevölkerung verteilen sich auf diese fünf: Christentum, Judentum, Islam, Hinduismus und Buddhismus. In Deutschland, in Österreich und in der Schweiz leben Gläubige aller dieser fünf Religionen.

FESTE DER RELIGIONEN
(lateinisch cultus = Anbau, Pflege, Lebensform, Bildung, »Kultur«)
(lateinisch ritus = heiliger Brauch, Festbrauch, »Ritual«)

Feste gehören zum Kult einer Religion und folgen festgelegten Ritualen. Meistens erinnern sie an bestimmte Ereignisse oder fordern dazu auf, sich auf Gott zu konzentrieren, oder sind ein Teil der guten Taten, die vollbracht werden sollen. Sie sind eine große Hilfe für andere Menschen, die verstehen möchten, was den Gläubigen an ihrer Religion wichtig ist.

Dieses Buch erzählt über die wichtigsten Feste, die über das Jahr in den fünf Weltreligionen gefeiert werden. Damit man leichter erkennt, zu welcher Religion sie gehören, sind ihre Namen und Daten farbig: Christentum (gelb), Judentum (blau), Islam (grün), Hinduismus (violett), Buddhismus (rot). Mehr Informationen zu den einzelnen Religionen gibt es in »Auf einen Blick« und im Anhang.

Zu den Festen gehört in allen Religionen, dass sie sich jedes Jahr wiederholen. Sie teilen die Zeit ein und man kann sie in Kalendern festhalten. Manche Feste haben ein bestimmtes Datum (z. B. Weihnachten am 25. Dezember), andere Feste richten sich nach den Bewegungen des Mondes und haben deshalb ein »bewegliches« Datum (z. B. Ostern am Sonntag nach dem ersten Frühlings-Vollmond).

DIE EINTEILUNG DER ZEIT
(lateinisch calendae 1. Tag im Monat)

Fast alle Feste des Christentums richten sich nach dem Sonnenjahr mit 365 Tagen und 12 Monaten zwischen 28 und 31 Tagen. Nur Feste wie Ostern und Pfingsten, die in zeitlichem Zusammenhang mit älteren jüdischen Festen stehen, werden anders berechnet.

SONNENKALENDER

Eine der ältesten Kalenderformen ist der Mondkalender. Ostern im Christentum und alle Feste der vier Weltreligionen richten sich danach. Die Monate haben 29 oder 30 Tage, genau die Zeit, in der der Mond einmal seinen Weg um die Erde zurücklegt. Ein Mondjahr hat also nur 354 Tage und ist 11 Tage kürzer als ein Sonnenjahr.

MONDKALENDER

In der jüdischen Religion, im Hinduismus und in buddhistischen Kalendern werden zusätzliche Schaltjahre mit einem 13. Monat eingefügt, um das Mondjahr dem Sonnenjahr anzugleichen. Islamische Feste werden jedes Jahr neu berechnet, denn man kann nicht genau vorhersagen, wann die erste Mondsichel nach dem Neumond den Beginn eines Monats anzeigt.

BERECHNUNGEN

HEILIGE TAGE   Christentum und Islam sind aus dem Judentum hervorgegangen. In allen drei Religionen verehren die Gläubigen einen einzigen Gott oder feiern einen heiligen Tag in der Woche besonders.

CHRISTENTUM   Im Christentum feiert man seit dem 4. Jahrhundert am Sonntag die Auferstehung Christi mit Gottesdiensten in der Kirche. Im 15. Jahrhundert galt es als Todsünde, am Sonntag zu arbeiten. Es wurden keine Hochzeiten gefeiert und während eines Krieges herrschte Friedenspflicht. Eine Ausnahme bestand nur für die Bauern, weil eine gute Ernte für alle wichtig war.

JUDENTUM
(hebräisch Schabbat = »Ruhe«)
(griechisch Synagoge = »Haus der Versammlung«)

Der Sonntag ist aus dem jüdischen Sabbat hervorgegangen, der an einem Samstag gefeiert wird und schon am Abend vorher beginnt. Auch am Sabbat ruht jegliche Arbeit. Die Juden beten in der Synagoge. Zu Hause werden die beiden Sabbatkerzen entzündet und ein reiches Mahl mit der ganzen Familie gegessen.

Al-dschum'a heißt der heilige Wochentag im Islam. Die Gläubigen versammeln sich zum Freitagsgebet in der Moschee. Dort hören sie gemeinsam die *chutba* (Freitagspredigt). Beides gehört zu den religiösen Pflichten eines gläubigen Muslims.

ISLAM
(arabisch Islam = »Hingabe an Gott«; Al-dschum'a = »Tag der Versammlung«)

Im Hinduismus kennt man keine Wochenfeiertage, aber das wichtige tägliche Ritual der *Puja*. Sie besteht aus sechzehn Einzelhandlungen. Hindus verehren dabei das Göttliche, das durch eine Statue oder auch eine Pflanze versinnbildlicht werden kann.

HINDUISMUS
(sanskrit Puja = »Ehrerweisung, Verehrung«)

Der buddhistische Tag der inneren Einkehr heißt *Uposatha*. Er findet nach dem Mondkalender zu Voll-, Halb- und Neumond statt, also fast genau jede Woche. Mönche leben an diesem Tag nach strengen Regeln, Laien beachten die acht Tugendregeln und meditieren. Die wichtigsten Feste im buddhistischen Jahr finden an *Uposatha*-Tagen statt.

BUDDHISMUS
(sanskrit Upavasatha = »Fasttag«)
(sanskrit Buddha = »der Erwachte«)

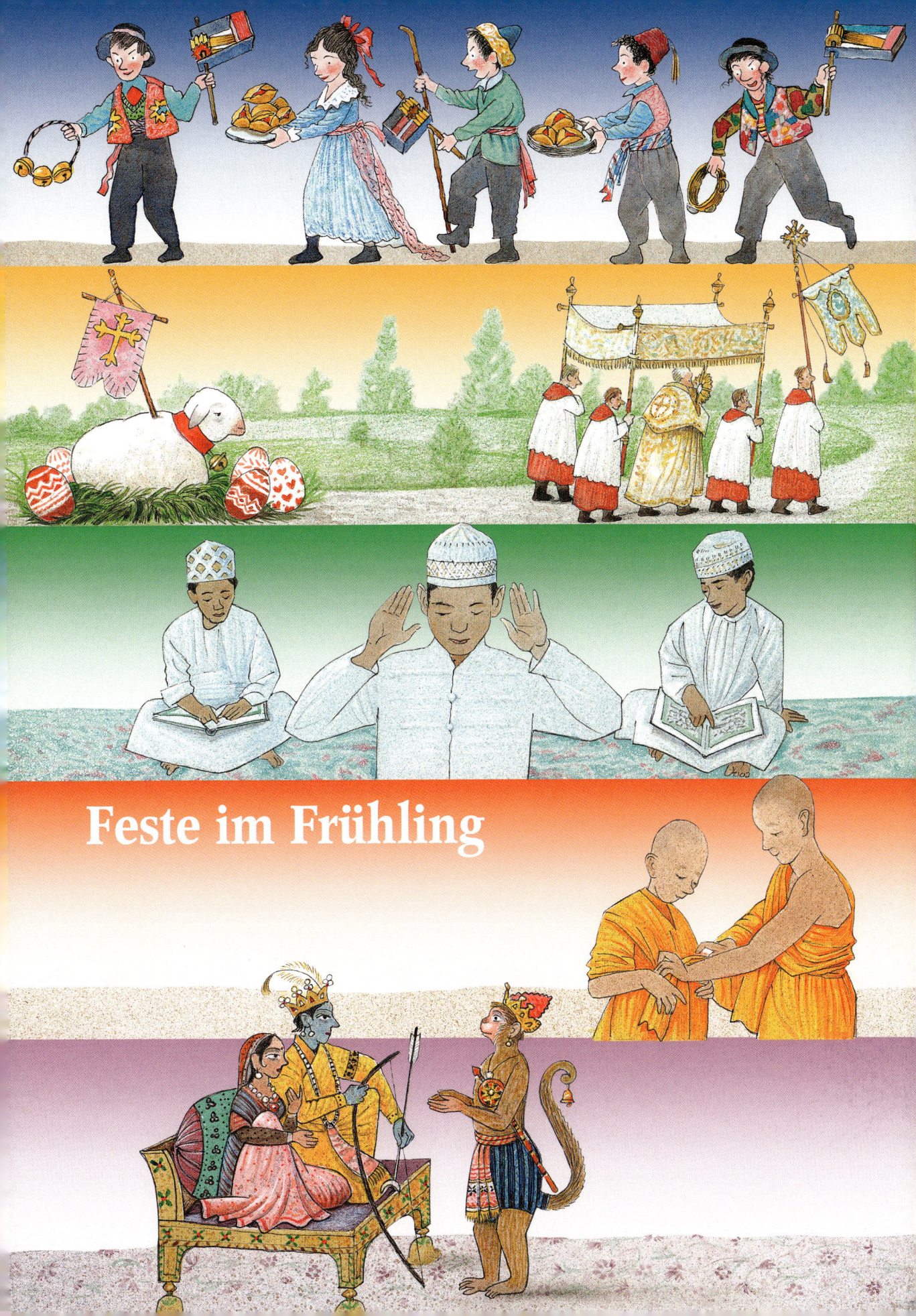

Feste im Frühling

Maha Shivaratri (Große Nacht Shivas)

TRIMURTI
(= sanskrit »drei Formen«;
Brahma =
»das höchste Wesen«;
Vishnu =
der Alldurchdringende;
Shiva =
»der Gütige, der Segen«)

Hinduisten glauben, dass das Universum aus drei Formen der göttlichen Kraft entstanden ist: Erschaffung, Erhaltung und Zerstörung. Zu diesen drei Formen gehören drei Götter: *Brahma*, der Schöpfer, *Vishnu*, der Erhalter, und *Shiva*, der Zerstörer. Sie bilden die *Trimurti*, die Einheit. Außerdem vereint jeder der Götter alle drei Formen des Göttlichen in sich.

MAHA SHIVARATRI
(sanskrit Maha = »groß«;
Ratri = »Nacht«)
(sanskrit Karma =
»Wirken, Tat«)
(sanskrit lingam =
Symbol, Zeichen)

Für Millionen von Indern ist Shiva der wichtigste Gott. Für sie ist er als Schöpfer genauso wie als Zerstörer alles Vergänglichen. Zu seinem höchsten Fest, der »Großen Nacht Shivas«, der Neumondnacht im 12. Monat des Mondkalenders, besuchen Zehntausende seine Tempel und Heiligtümer. Sie fasten, beten und durchwachen die Nacht, denn dafür befreit Shiva sie von den Folgen ihres schlechten *Karmas*. Opfer in Form von Blumen, Milch und Honig werden dem *Lingam* Shivas dargebracht, einen Stein, in den er sich selbst verwandelt haben soll.

DIE ELTERN DES
UNIVERSUMS
(sanskrit Parvati =
»Tocher der Berge«)

Ein weiterer Anlass für das Fest ist die Hochzeit Shivas mit der Göttin Parvati. Wie Shiva vereinigt sie Leben spendende und zerstörende Kräfte in sich und ist seine ideale Partnerin: Shiva ist der Himmel, Parvati die Erde; er ist die Sonne, sie das Licht. Oft werden Shiva und Parvati als ein Wesen aus einer weiblichen und einer männlichen Hälfte dargestellt. Frauen beten bei diesem Fest auch für ihre Ehemänner, junge Mädchen bitten um einen vorbildlichen Ehemann wie Shiva.

Losar (Tibetisches Neujahrsfest)

Losar ist eines der wichtigsten Feste Tibets. Es dauert drei Tage, in manchen Gegenden auch zwei Wochen. Schon zwei Tage vor dem Fest isst man abends eine Nudelsuppe mit gefüllten Teigbällchen, in denen verschiedene Dinge versteckt sind. Sie symbolisieren eine Eigenschaft, die man im vergangenen Jahr besonders gezeigt hat: Salz oder Reis bedeuten Gutes, Chili, dass man zu viel geredet hat, und Kohle, dass man »ein schwarzes Herz« hatte, also böse war.

SALZ, CHILI ODER KOHLE?
(tibetisch Lo = »Jahr«)
(tibetisch Sar = »neu«)

Der Tag vor dem Fest ist mit »neuer Arbeit«, mit Vorbereitungen, angefüllt. Das Haus wird gereinigt, geschmückt und manchmal neu gestrichen. Man kauft ein, denn man braucht unter anderem Zutaten für das Festessen. Dann reinigt man sich selbst und zieht neue feine Kleider an, die man vielleicht sogar selbst genäht hat. Das neue Jahr ist ein Neubeginn, Altes hat keinen Platz mehr.

»DAS NEUE JAHR BEDEUTET NEUE ARBEIT«

Losar wird in der Familie mit Zeremonien vor dem Hausaltar und einem Festmahl gefeiert. Oft bringt man auch etwas vom Festessen als Opfer zum Tempel des Klosters. Dort nehmen die Gläubigen an der Losar Puja teil, bei der sie von geistigen Lehrern, den Lamas, gesegnet werden. Neue bunte Gebetsfahnen, mit Mantras (Gebeten) oder buddhistischen Symbolen bedruckt, flattern in genauer Reihenfolge auf den Dächern der Tempel und Häuser: blau (Himmel), weiß (Wolken), rot (Feuer), grün (Wasser), gelb (Erde). Und am letzten Tag wird in der Öffentlichkeit gefeiert und getanzt.

TASHI DELEK!
(= tibetisch »Möge es dir wohlergehen!«)
(sanskrit Mantra = »Instrument der Rede, des Denkens«)

Rosenmontag und Karneval

ROSENMONTAG
(lateinisch carnem levare = »Fleisch entfernen« oder auch volkstümlich carne vale! = »Fleisch ade!«)

Seit dem 15. Jahrhundert gibt es Umzüge zu Karneval. Viel Lärm und Geschrei gehörten schon damals dazu, weil das Fest sich mit einem älteren Frühlingsfest vermischt hatte, bei dem man den Winter und die Kälte austrieb. Auch heute sind bei Rosenmontags- und Narrenzügen Kostüme und Masken, Musik und Tanz nicht wegzudenken. Der erste Festzug, wie wir ihn heute kennen, fand 1823 in Köln statt. Kutschen, Reiter, Musik und Fußgruppen folgten einem festgelegten Weg durch die Stadt.

FASTNACHT, FASCHING, KARNEVAL

Ursprünglich war Karneval ein rein katholisches Fest. Fastnacht bezeichnete die Nacht vor der Fastenzeit, also den Dienstag vor Aschermittwoch. Im 13. Jahrhundert empfahl die Kirche sogar, vor der Fastenzeit noch einmal so richtig zu feiern, damit man während der Fastenzeit auch genau wüsste, warum man büßen muss.

FASTNACHTSSPIELE

Fastnachtsspiele wurden aufgeführt, bei denen sich zwei (»Fastenzeit und Karneval«, »Gut und Böse«) so richtig stritten. Am Abend wurde die Fastnacht dann als Strohpuppe »begraben«: Man warf sie ins Wasser oder verbrannte sie. Beim »Leichenschmaus« danach gab es das letzte Schmalz- oder Schinkenbrot vor der Fastenzeit, die bis Ostern dauerte.

Aschermittwoch und Fastenzeit

Seit dem 11. Jahrhundert ist es ein Brauch der christlichen Kirche, den Gläubigen am Aschermittwoch in der Messe ein Aschekreuz auf die Stirn zu zeichnen. Asche ist ein Sinnbild für Vergänglichkeit und Tod. Sie erinnert daran, dass jeder Mensch einmal sterben muss und rechtzeitig seine Sünden bereuen sollte.

ASCHERMITTWOCH

In fast allen Religionen gibt es Fastenzeiten. Überall dienen sie dazu, Buße zu tun und über sein Leben nachzudenken. Früher war auch die Adventszeit vor Weihnachten eine Fastenzeit, die erst am 25. Dezember endete. Als einzige christliche Fastenzeit ist die Zeit vor Ostern übrig geblieben.

FASTENZEIT

Im Mittelalter waren die Fastenregeln sehr streng. Ab dem 15. Jahrhundert war jedoch nur noch Fleisch verboten, Eier und Milch durfte man wieder verzehren. Die Menschen ernährten sich hauptsächlich von Gemüse, Obst und der typischen Fastenspeise: Fisch. In manchen Regionen formte man Nussbrot und Marzipan in Würste oder Koteletts, damit sie den verbotenen Fleischgerichten ein wenig ähnelten. Und die Brezel als Fastenspeise soll im Kloster erfunden worden sein: Es heißt, dass ihre besondere Form den verschränkten Armen beim Beten ähnelt.

FASTENSPEISEN
(Brezel = lateinisch Brachiatellium = »Ärmchen«)

Holi (Frühlingsfest)

DER SIEG DES FRÜHLINGS ÜBER DEN WINTER

Holi ist ein zweitägiges Frühlings- und Erntefest. Es wird besonders im Norden Indiens begangen und hat in verschiedenen Regionen unterschiedliche Namen. Aber überall wird in der Vollmondnacht des 12. Mondmonats gefeiert, dass der Winter vorbei ist und der Frühling beginnt. Holi soll eines der ältesten Feste sein. Auf jeden Fall aber ist es eines der ausgelassensten und fröhlichsten.

DER SIEG DES GUTEN ÜBER DAS BÖSE

Am ersten Tag des Festes werden Freudenfeuer entzündet und die »Holika« in Form einer Strohpuppe verbrannt. Über die Holika erzählt man sich Folgendes: Ein Dämonen-König forderte von seinem jungen Sohn ihn als Gott zu verehren. Der Prinz verehrte aber weiterhin nur den Gott Vishnu und überlebte alle Versuche seines Vaters, ihn zu töten, weil Vishnu ihm half. Die Schwester des Königs, Holika, besaß Kräfte, die sie vor Feuer schützten. Sie sollte nun mit dem Jungen ins Feuer springen, damit er verbrannte. Aber stattdessen blieb nur ihre Asche übrig, der Prinz überlebte.

DAS FEST DER FARBEN

Auch als Erinnerung an diesen Sieg des Guten über das Böse wird das Holi-Fest übermütig gefeiert. Die Menschen tauschen Segenswünsche aus und begraben Streitigkeiten. Und man besprengt sich gegenseitig mit gefärbtem Wasser oder Farbpulver. Schon Wochen zuvor haben die Familien es hergestellt und auf einem Altar weihen lassen. Ursprünglich wurden für das Pulver verschiedene Blüten und Wurzeln benutzt, die heilende Wirkung hatten.

Magha Puja (Fest der Versammlung der Mönche)

Am Vollmondtag des dritten Mondmonats wird besonders in Thailand, Kambodscha und Laos *Magha Puja* gefeiert. Das Fest erinnert an die Versammlung von 1250 Mönchen bei einer Predigt Buddhas. Sehr wichtig war dabei, dass die Mönche gekommen waren, ohne sich abgesprochen zu haben und Buddha selbst sie in ihr Amt eingesetzt hatte. Dieses Ereignis fand am Vollmondtag im Magha-Monat statt.

DIE VERSAMMLUNG DER 1250 MÖNCHE
(pali Magha = Name des 3. Mondmonats)
(sanskrit Puja = »Ehrerweisung, Verehrung«)

Das Fest ist im *Theravada*-Buddhismus besonders wichtig, in der ältesten Form der Religion. Mönche üben sich mit strengen Regeln darin, für sich selbst Erlösung vom Leid zu finden und Erleuchtete zu werden. Grundlage sind die Schriften der Lehre Buddhas, der *Tripitaka*: *Vinaya* (Mönchsregel), *Sutren* (Buddhas Lehrsätze), *Abhidhamma* (Philosophie). Andere buddhistische Schulen, wie der Mahayana-Buddhismus, haben keine derart festgelegte Sammlung von Schriften.

DIE ÄLTESTE SCHULE
(pali Theravada = Schule der Ältesten)
(pali Tripitaka = »Drei Körbe«)

Die Gläubigen kommen an diesem Tag zu den Klöstern, bringen Gaben für die Mönche, hören Texte aus Buddhas Lehre und nehmen abends an einer Prozession teil, bei der ein Tempel oder eine Buddha-Statue dreimal umrundet wird. Alle tragen eine brennende Kerze, drei brennende Räucherstäbchen und eine Blume. Die Zahl Drei erinnert an die »Drei Juwelen« des Buddhismus: *Buddha*, seine Lehre (*Dharma*) und die Gemeinschaft der Mönche (*Sangha*).

DREI JUWELEN

Purim (Losfest)

JÜDISCHER KARNEVAL
(persisch Pur = »Los«);
Purim wird am
14./15. Adar (Februar/
März) gefeiert.

Purim, das »Losfest« ist ein Freudenfest, bei dem sich Kinder verkleiden und Krach machen dürfen. Das Fest geht auf das Buch Esther zurück. Zum ersten Mal wird dort über eine Judenverfolgung berichtet, die um 470 v. Chr. stattgefunden hat. Es geht um den Perserkönig Xerxes, seine kluge Königin Esther, ihren Cousin Mordechai und den Wesir Haman, den obersten Minister des Königs.

DER HINTERHÄLTIGE WESIR

Weil Mordechai wie alle Juden nur einen Gott anerkannte, weigerte er sich, König Xerxes wie einen Gott zu verehren. Wesir Haman erreichte bei Xerxes, dass die Juden getötet werden sollten, weil sie seine Gesetze nicht befolgten. Er ließ Mordechai selbst das Los (*Pur*) werfen, das den Tag dafür bestimmte. Aber Königin Esther, selbst eine Jüdin, setzte sich für ihr Volk ein. Sie berichtete ihrem Mann über den bösen Plan des Wesirs, worauf Xerxes Haman zum Tod verurteilte und Mordechai zum Wesir ernannte. So wurden die Juden durch die Klugheit und den Mut Esthers gerettet.

MEGILLAT ESTHER
(hebräisch = »Esther-
Rolle« oder »Buch
Esther«)

Die Geschichte wird in der Synagoge in der Nacht und am Morgen des Festes aus der *Megillat Esther* vorgelesen. Wenn der Name des bösen Wesirs Haman genannt wird, dürfen die verkleideten Kinder Ratschen drehen, Stöcke auf den Boden stoßen und Krach machen. So hört man den Namen Hamans nicht. Danach wird ausgelassen und fröhlich gefeiert und die Geschichte Esthers in den berühmten Purimspielen dargestellt.

Auf einen Blick: Judentum

Name: Benannt nach einem der zwölf Stämme Israels, dem Stamm der Judäer

Religionsstifter: Abraham und Moses

Entstehung: Ca. 1300 v. Chr.

Anzahl der Anhänger: Rund 13,5 Millionen Juden

Hauptsächliche Verbreitung: Israel

Heilige Schriften: Der Tanach aus 24 Büchern in drei Teilen – Tora (die fünf Bücher Mose), Nevi'im (Bücher der Propheten) und Ketuvim (Schriften, Psalmen, Bücher)

Heilige Orte: Jerusalem

Gebetsstätten: Synagoge, Klagemauer (Jerusalem)

Geistige Leiter: Rabbiner (hebräisch »Meister, Lehrer«)

Gott: Jahwe (Jehova), der Schöpfer, Richter und Erlöser der Welt. Die Juden sprechen dieses Wort aus Respekt nie aus.

Besondere heilige Zeiten: Sabbat (hebräisch »Ruhe«), Pessach, Jom Kippur

Wichtige Persönlichkeiten: Der Urvater Abraham, mit dem Gott den Bund schloss, und seine Söhne Isaak und Jakob; der Prophet Moses, dem Gott die Gesetzestafeln gab; der Hohepriester Esra, der nach der Babylonischen Gefangenschaft Recht und Ordnung in Jerusalem wiederherstellte

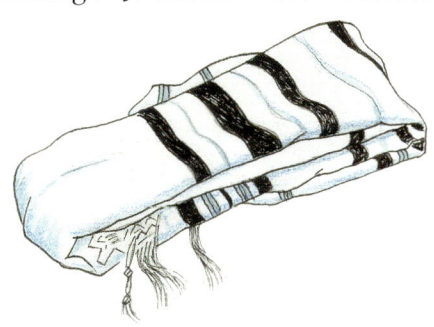

Rama Navami (Ramas Geburtstagsfest)

RAMAS GEBURTSTAG
(sanskrit Navami =
»Neunter«)
(sanskrit Rama =
Ayana = »gehen, reisen«)

Rama Navami wird am neunten Tag des Monats Chaitra (März/April) begangen. Man feiert den Geburtstag Ramas und seine Hochzeit mit Sita. Ramas Lebensgeschichte ist in einem der wichtigsten Heldenepen Indiens aufgeschrieben, im *Ramayana* (»Reise Ramas«). Er wird als idealer König geschildert, seine Frau Sita als ideale Ehefrau. Die Erzählung ist so beliebt in Indien, dass man sie 1987/1988 in 78 Folgen verfilmte. Die Serie gilt heute als die von den meisten Menschen gesehene Fernsehserie der Welt.

RAMA ALS VORBILD
(sanskrit Avatara =
»Abstieg«)
(Lakshmi = Göttin des
Reichtums und der
Weisheit)

Rama wird in Indien als Avatara, als Erscheinungsform des Gottes Vishnu verehrt: Vishnu, der Erhalter, lässt einen Teil seiner göttlichen Kraft in einer Menschengestalt erscheinen, damit sie Vorbild und Lehrer für die Gläubigen sein kann. Ramas Frau Sita ist eine Erscheinungsform der Göttin Lakshmi, der weiblichen Hälfte Vishnus. Beide müssen in der Erzählung Prüfungen bestehen und werden dabei getrennt. Aber da sie tugendhaft und klug handeln, steht ihrem gemeinsamen Leben am Ende nichts mehr im Weg.

SCHILLERNDES FEST

Rama Navami ist eines der ältesten Feste Indiens. In den Tempeln liest man das *Ramayana* und Pilger treffen sich zu Tausenden an heiligen Orten, die mit Rama verbunden sind. In seiner Geburtsstadt Ayodhya in der Ganges-Ebene wird eine Prozession in historischen Kostümen abgehalten. Auf einem prunkvollen Wagen wird Rama mit seiner Ehefrau Sita, seinem Bruder Lakshmana und seinem treuen Diener, dem Affengott Hanuman, durch die Straßen geleitet.

Palmsonntag

Als Jesus auf einem Esel in die Stadt Jerusalem einzog, empfingen ihn die Menschen jubelnd und mit Palmzweigen in den Händen. Sie sahen in ihm den neuen Messias, den König, der endlich gekommen war. Dieses Ereignis aus dem Neuen Testament wird am Palmsonntag, dem letzten Sonntag der Fastenzeit, gefeiert.

JESUS ZIEHT IN JERUSALEM EIN
(hebräisch Messias = »Gesalbter«)

Seit der ersten Palmprozession im 8. Jahrhundert wird das Kreuz an diesem Tag mit einer feierlichen Prozession in die Kirche getragen. Kinder und Jugendliche begleiten es mit Sträußen aus geweihtem Buchsbaum, denn in unseren Breiten gibt es keine Palmen. Früher zog man bei der Prozession auch einen hölzernen Esel auf Rädern mit, den »Palmesel«, der heute nur noch im Museum zu sehen ist.

FEIERLICHE PROZESSION

Zu Hause werden die Palmsträußchen in vielen Gegenden auch heute noch an ein Kreuz oder einen Spiegel gesteckt. Sie sollen Haus und Hof vor allem Bösen schützen. Es ist auch wieder ein Brauch, am Palmsonntag bunte Eier an einen Strauch zu hängen. In manchen Orten steht dafür sogar ein besonderer »Palmbaum«. Zwei Wochen hängen die Eier daran und werden einen Tag vor dem Weißen Sonntag, dem ersten Sonntag nach Ostern, wieder abgenommen. Und wer am Morgen des Palmsonntags als Letzter aus dem Bett kriecht, der ist nicht nur ein Langschläfer, sondern sogar ein Palmesel!

BRÄUCHE AN PALMSONNTAG

Hanuman Jayanti (Hanumans Geburtstag)

LIEBLING DER KINDER

Schon bevor die Geschichte des Affengottes Hanuman als Zeichentrickfilm für Kinder herauskam, war er ihre Lieblingsfigur unter den Gottheiten des Hinduismus. Er ist der Sohn des Windgottes Vayu, kann deshalb fliegen, ist unbesiegbar stark und lernt alles, was er weiß, von Surya, dem Gott der Sonne. Was ihn bei Kindern so beliebt macht, sind seine Streiche, die er als Kind anderen spielt. So stiehlt er den Weisen, die beim Meditieren die Augen geschlossen halten, ihre persönlichen Dinge oder bringt ihre rituellen Gegenstände durcheinander. Als Erwachsener ist er eine der wichtigsten Gestalten der Erzählung *Ramayana* (»Reise Ramas«). Er ist es, der mit seiner Armee Sita, Ramas Frau, aus der Gewalt ihres Entführers befreit.

GEBURTSTAGSFEST
(sanskrit Jayanti = »Geburtstag«)

Hanuman wird wegen seiner Treue zu Rama verehrt, der einen Teil der göttlichen Kraft Vishnus verkörpert. Überall auf dem indischen Subkontinent stehen Hanuman-Tempel und seine Figur fehlt auch in keinem Tempel für Vishnu oder Rama. Ringer und Boxer bitten ihn um Kraft und auf den Bergstraßen steht seine Statue, um die Menschen vor Unfällen zu schützen. An *Hanuman Jayanti*, seinem Geburtstag, wird seine Statue mit Öl und Gelbwurz-Pulver bestrichen, den Symbolen für Stärke und Leben. Die Menschen fasten, hören Geschichten aus der *Ramayana* und singen die *Hanuman Chalisa*, ein religiöses Lied, das Hanuman als den Getreuen Ramas feiert.

Theravada-Neujahrsfest

Während die Länder des Mahayana-Buddhismus (China, Japan, Korea, Nordindien und Tibet) ihre Neujahrsfeste schon gefeiert haben, folgt als letztes das Neujahrsfest der ältesten buddhistischen Schule, des Theravada-Buddhismus. In Ländern wie Thailand, Kambodscha und Laos feiert man drei Tage lang den Beginn eines neuen Jahres ab dem ersten Vollmond im April.

NEUJAHR AM ERSTEN VOLLMOND IM APRIL

Es ist gleichzeitig ein Frühlingsfest, denn die trockene Jahreszeit ist zu Ende und überall beginnt die Natur zu blühen. Auch dies feiern die Gläubigen mit den Mönchen in den Klöstern, wobei Wasser eine große Rolle spielt. Sie baden Buddha-Statuen während einer Zeremonie und bekunden den Mönchen ihren Respekt, indem sie sie mit Wasser besprengen. Dafür werden sie von den Mönchen gesegnet und ehren mit ihnen zusammen auch die Toten.

FRÜHLINGSFEST

Oft häufen die Gläubigen im Kloster oder an Flussufern Sand auf. Jedes Sandkorn steht dabei für eine schlechte Tat, ein schlechtes *Karma*. Es zum Kloster zu bringen oder vom Wasser wegspülen zu lassen, bedeutet Reinigung. Karma entsteht durch alles Denken und Handeln der Menschen. Ziel der buddhistischen Lehre ist es, Erlösung von den schlechten Taten im *Nirvana* zu finden.

REINIGUNG VON SCHLECHTEN TATEN
(sanskrit Karma = »Wirken, Tat«)
(sanskrit Nirvana – »Verwehen, Verlöschen«)

Pessach (Fest des Auszugs aus Ägypten)

DAS ÄLTESTE FEST ISRAELS
(hebräisch Pessach, Passah = »vorbeigehen, verschonen«)

Das achttägige *Pessach*-Fest beginnt am 14. Nissan (März/April) in der Nacht des ersten Frühlingsvollmonds. Es ist das älteste jüdische Fest, mit dem der Auszug (*Exodus*) des Volkes Israel aus Ägypten vor rund 3000 Jahren gefeiert wird. Er endete glücklich, denn Moses teilte mit Gottes Hilfe das Rote Meer und führte die Israeliten hindurch. Das Wasser schlug hinter ihnen zusammen und das nachfolgende ägyptische Heer kam in den Fluten um.

DAS FEST DER UNGESÄUERTEN BROTE
(hebräisch Seder = »Ordnung«)

Die Familie trifft sich am ersten Tag des Festes nach dem Abendgottesdienst in der Synagoge zu einem Festmahl (*Seder*). Es besteht aus festgelegten Teilen und bestimmten symbolischen Speisen. Als Brot darf nur ungesäuertes *Mazzot* oder Matze gegessen werden, ein flaches, waffelartiges Brot. Es erinnert daran, dass die Israeliten überstürzt aus Ägypten fliehen mussten und ihnen keine Zeit für einen Sauerteig blieb.

GESCHICHTE LEBENDIG HALTEN
(hebräisch Haggada = »Erzählung«)

Zum *Seder* gehört auch die Pflicht des Familienoberhaupts, die Hauptteile aus der *Pessach-Haggada* vorzulesen und sie zu erklären. Während des Essens wird viermal an bestimmten Stellen ein Becher Wein getrunken. Dies erinnert an die vier Verheißungen Gottes: die Israeliten aus Ägypten zu führen, sie zu erretten, zu erlösen und als eigenes Volk anzunehmen. Jeder soll sich nach dem Essen so fühlen, als wäre er beim Auszug aus Ägypten dabei gewesen, und es seinen Kindern weitererzählen.

Karwoche

Die Karwoche heißt auch Leidenswoche, Stille oder Heilige Woche. Drei wichtige Ereignisse aus dem Leben Jesu feiern die Christen in dieser Zeit: Leiden, Sterben und Auferstehung Jesu. Früher war es wirklich still in der Karwoche. Die Arbeit auf den Feldern ruhte und Feste, fröhliche Musik und jeglicher Lärm waren verboten.

DAS ENDE DER FASTENZEIT
(althochdeutsch Chara = »Trauer, Kummer«)

Der vorletzte Tag der Karwoche erinnert die Christen an das letzte Abendmahl. Jesus feierte mit seinen zwölf Jüngern das Pessach-Fest und kündigte ihnen dabei seinen Tod an. Wie das Pessach-Lamm geopfert werde, so werde auch er sich für die Erlösung der Menschen opfern. Er dankte Gott für *Mazzot* und Pessach-Wein und teilte beides mit seinen Jüngern. Diese Szene aus der Bibel ist der Ursprung für die Eucharistiefeier oder das Abendmahl der christlichen Kirchen.

GRÜNDONNERSTAG
(althochdeutsch Gronan = »greinen, weinen«)

Am Ende der Gründonnerstags-Messe schweigen Orgeln, Altarschellen und Kirchenglocken bis zur Osternacht. Stattdessen ertönen Holzratschen und Klappern. In manchen Gegenden gibt es auch größere Schallbretter oder Klappertafeln auf dem Kirchturm. Wie die Glocken zeigen sie die Stunden an und rufen zum Gottesdienst.

RATSCHEN STATT GLOCKEN

Karfreitag

DIE NEUNTE STUNDE

An diesem Tag starb Jesus am Kreuz, um die Menschen zu erlösen. Deshalb trauern und fasten die Christen. In der evangelischen Kirche ist der Stille oder Gute Freitag der höchste Feiertag.

»In der neunten Stunde« (15.00 Uhr) ist Jesus gestorben. Um diese Zeit versammeln sich die Christen in der Kirche und durchleben die »Passion Jesu«, die oft mit verteilten Rollen gelesen wird: Gefangennahme, Verhör durch Pilatus und Geißelung. Mit den 14 Stationen des Kreuzwegs kann man auch heute dem Leidensweg Jesu folgen. Seit dem 17. Jahrhundert sind sie auf Reliefs oder Gemälden dargestellt.

BRÄUCHE AN KARFREITAG

Früher rührte niemand an diesem Tag Hammer oder Nägel an, denn damit war Jesus ans Kreuz geschlagen worden. Oft wurde auch nichts getrunken, weil Jesus am Kreuz Durst litt. Man gab den Kindern an diesem Tag gelegte Hühnereier zu essen. Man sagte den »Karfreitagseiern« nach, dass sie Kinder besonders schlau machten, wenn sie dann nach Ostern eingeschult wurden.

KARSAMSTAG

Bis zur Morgenröte am Ostersonntag durchwachen die Christen die letzte Nacht der Karwoche. In dieser Nacht ist Jesus von den Toten auferstanden. Seit dem 16. Jahrhundert wird die Auferstehung Jesu durch ein Osterfeuer vor der Kirche symbolisiert. An ihm wird die Osterkerze entzündet, die bis zum Himmelfahrtstag neben dem Altar brennt.

Ostern

Die Auferstehung Jesu wird mit Ostern, dem höchsten und ältesten Fest der Christen, gefeiert. Es ist aus dem jüdischen Pessach-Fest entstanden. Deshalb wird es bis heute am Sonntag nach dem Frühlingsvollmond gefeiert und zählt zu den »beweglichen Festen«. Im Mittelalter hieß das Fest auch »Pasche«. So heißt es bis heute in fast allen Sprachen. Im Englischen (*Easter*) und Deutschen wird es nach dem indoeuropäischen Wort für Morgenröte (*Eostro*) benannt. Zum ersten Mal bezeichnete es der angelsächsische Kirchenlehrer Beda Venerabilis im 8. Jahrhundert so wegen der Osternachtwache bis zur Morgenröte.

DAS ÄLTESTE FEST DER CHRISTEN
(Niederländ. Pasen, Französisch Pâques, Spanisch Pascua, Italienisch Pasqua)

Auch das Osterlamm hat mit dem Pessach-Fest zu tun. Die Juden erinnert das Lamm daran, dass sie von der 10. Plage, die Gott über Ägypten schickte, verschont wurden. Für die Christen ist es »das Lamm Gottes, das die Sünden der Welt hinwegnimmt« (Joh. 1, 29) und so die Welt erlöst.

OSTERLAMM

Für Christen ist das Ei ein Sinnbild für das ewige Leben und die Auferstehung. Schon seit dem Mittelalter färbt man Ostereier, damals allerdings nur rot. Diese Farbe war ein Sinnbild für das Blut Christi, für Leben, Liebe und Königswürde. In Griechenland werden die Ostereier heute noch am Gründonnerstag gefärbt. Für die Griechen ist ein Ei nur ein echtes Osterei, wenn es rot ist, daher heißt Gründonnerstag bei ihnen »roter Donnerstag«.

VIELE BUNTE OSTEREIER

Vesakh (Geburtstag Buddhas)

DAS FEST IM MONAT DES FEIERNS
(sanskrit Vaisakha = 2. Mondmonat im Hindu-Kalender

Vesakh ist das wichtigste buddhistische Fest, denn es feiert die Geburt Siddharta Gautamas (Buddha), des Religionsstifters. Im Theravada-Buddhismus feiert man an diesem Tag auch das Erwachen und das vollkommene Verlöschen (*Nirvana*) Buddhas. Im Mahayana-Buddhismus gibt es dafür noch zwei weitere Festtage: *Bodhi* (Erwachen) und *Parinirvana* (Verlöschen).

VON FRÖHLICH BIS BESINNLICH

Vesakh wird von Buddhisten auf der ganzen Welt gemeinsam gefeiert. Man erinnert sich an Buddhas Leben und an ihn als Vorbild für seine Schüler. Die Gläubigen zelebrieren die *Puja* und hören Buddhas Lehren, meditieren und fasten. Wichtig ist es, anderen Menschen – Mönchen, Pilgern oder Armen – etwas zu schenken und Blumenopfer in die Tempel zu bringen. Aber jedes Land hat auch seine eigenen Traditionen: Lichterprozessionen durch festlich geschmückte Straßen (überall, besonders in Thailand), Drachentänze (China), öffentliche Ruhetage (Nepal) oder Versenden von Vesakh-Karten an Freunde (Sri Lanka).

DIE BUDDHISTISCHE FLAGGE

Häufig wird an diesem Tag auch die internationale buddhistische Flagge gehisst. Sie symbolisiert die Einheit der Buddhisten auf der ganzen Welt. Die Farben haben mit der Lehre Buddhas zu tun: Blau (Frieden und Mitgefühl), Gelb (der Mittlere Weg), Rot (Vollendung, Weisheit und Tugend), Weiß (Reinheit der Lehre), Orange (Weisheit der Lehre). Der letzte Streifen beinhaltet alle Farben und steht für den in der Meditation erleuchteten Geist.

Auf einen Blick: Buddhismus

Name: Benannt nach dem Begriff Buddha (sanskrit »Erwachen«)

Religionsstifter: Siddharta Gautama, »historischer Buddha«, (654–483 v. Chr.)

Entstehung: Ca. 500 v. Chr. Theravada-Buddhismus (sanskrit »Schule der Ältesten«); 500 Jahre später die Schule des Mahayana-Buddhismus (sanskrit »Großes Fahrzeug«)

Anzahl der Anhänger: Rund 500 Millionen Buddhisten

Hauptsächliche Verbreitung: China, Südostasien

Heilige Schriften: Tripitaka (pali »Dreikorb«), Buddhistischer Kanon aus drei Schriftensammlungen – Vinaya (Mönchsregel), Sutren (Buddhas Lehrsätze), Abhidhamma (Philosophie)

Heilige Orte: Benares (Ort, an dem Buddha zu lehren begann)

Gebetsstätten: Pagode oder Stupa (turmartiger Bau), Tempel, Kloster

Geistige Leiter: Lama (tibetisch »Gelehrter, Lehrer«)

Gott: Es gibt keine im Zentrum stehende Gottheit

Besondere heilige Zeiten: Vesakh (Geburt Buddhas), Uposatha-Tage (Sanskrit »Fasttag«) zu Voll-, Halb- oder Neumond

Wichtige Persönlichkeiten: Dalai Lama (tibetisch »Ozeangleicher Lehrer«) im Vajrayana-Buddhismus (sanskrit »Diamantfahrzeug«), der dritten großen Schule des Buddhismus

Feste im Sommer

Christi Himmelfahrt

MITTEN IN DER WOCHE   Genau vierzig Tage nach Ostern, also immer an einem Donnerstag, wird Christi Himmelfahrt gefeiert. Jesus hatte sich nach seiner Auferstehung immer wieder seinen Jüngern gezeigt und mit ihnen gesprochen, so berichtet die Bibel. Am vierzigsten Tag wurde er vor ihren Augen von einer Wolke emporgehoben und stieg in den Himmel auf.

BILDLICHE DARSTELLUNG   Diese Himmelfahrt wurde den Gläubigen im Mittelalter bildlich dargestellt: Beim Gottesdienst wurde eine Christusfigur durch eine Luke im Kirchendach gezogen, bis sie vor den Augen der Gemeinde verschwunden war. Danach regnete es Blumen und Heiligenbildchen durch die offene Luke. Die Osterkerze, die seit Ostersonntag neben dem Altar gebrannt hatte, wurde gelöscht, denn Christus hatte die Erde verlassen.

BRÄUCHE AN HIMMELFAHRT   Für die Bauern war es wichtig herauszufinden, in welche Richtung die Christusfigur beim Emporziehen schaute. Von da kämen dann nämlich die schweren Sommergewitter, die eine Ernte zerstören konnten. Für Gebete stand der Himmel an diesem Tag weit offen. In Bittprozessionen zogen die Gläubigen über die Felder, um an Bildstöcken oder Kapellen um Schutz der Ernte vor Unwettern und Segen für Haus und Hof zu beten.

Schawuot (Wochenfest)

Fünfzig Tage (sieben Wochen) nach dem Pessach-Fest wird *Schawuot* gefeiert. Neben Pessach und Sukkot ist es das dritte Erntedankfest. Nach dem Auszug aus Ägypten, an den man sich an Pessach erinnerte, warten die Gläubigen nun auf die Offenbarung auf dem Berg Sinai.

DAS WOCHENFEST
(hebräisch Schawuot = »Wochen«)

Schawuot wird daher auch »Fest der Gesetzgebung« genannt. Es erinnert daran, wie Gott auf dem Berg Sinai Moses die Gesetzestafeln mit den Zehn Geboten gab. Die Juden danken an diesem Tag Gott für seine Gabe der Tora. Sie ist das Kernstück des jüdischen Glaubens, aus ihr wird in jedem Gottesdienst vorgelesen.

DIE TORA
In der Tora sind die fünf Bücher Mose der Bibel aufgezeichnet.

Synagogen und Häuser sind zu Schawuot mit Blumen und grünen Zweigen, bunten Bändern und Fahnen geschmückt. Und weil Gott seinem Volk versprochen hatte, es in ein Land zu führen, wo Milch und Honig fließen, gehören Süßspeisen zum Fest: Kuchen in Form der Gesetzestafeln oder kegelförmig wie der Berg Sinai. Kuchen, die aus sieben Schichten bestehen, sind auch ein Sinnbild für die sieben Wochen vor Schawuot, die Omerzeit, in der man jeden Tag bis Schawuot zählt. Für die Kinder gibt es an diesem Tag besondere Honigkuchen mit Toraversen, denn sie gehen zum ersten Mal zur Schule und sollen sich gerne daran erinnern.

MILCH UND HONIG
(hebräisch Omer = »Garbe, Opfergarbe«)

Pfingsten

PENTEKOSTE
(griechisch Pentekosté = »fünfzigster«)

Fünfzig Tage nach Ostern wird Pfingsten gefeiert. Das Fest erinnert daran, wie der Heilige Geist während des Schawuot-Festes auf die Jünger Jesu herabkam. Der Geist Gottes erfüllte die Apostel und gab ihnen Kraft und Mut, das Christentum in der Welt zu verbreiten. Deshalb wird Pfingsten auch »Geburtstag der Kirche« genannt. Es ist neben Ostern und Weihnachten das dritte große Fest im Kirchenjahr und wird an zwei Tagen gefeiert. Weil es sich nach dem Datum des Osterfestes richtet, ist es auch ein »bewegliches Fest«.

»FEUER UND FLAMME SEIN«

Beim Gottesdienst in der Kirche regneten manchmal Blütenblätter der Pfingstrose auf die Gläubigen herab. Sie stellten die Sinnbilder für den Heiligen Geist (Flammen und Feuerzungen) dar. Ein noch bekannteres Sinnbild ist die Taube. Sie ist das erste Mal in einer Illustration eines Evangeliars aus dem 6. Jahrhundert zu sehen.

FRÜHLINGSFEST

Im Mittelalter feierte man Pfingsten wie ein Frühlingsfest. Ritter trafen sich zu Turnieren, den »Pfingstspielen«, und auch die einfachen Leute maßen sich bei Wettläufen und Stein-Weitwürfen. In vielen Orten gibt es deshalb Plätze wie die »Pfingstwiese« oder den »Pfingstanger«, wo solche Spiele stattfanden und oft heute noch stattfinden.

Fronleichnam

Wie Christi Himmelfahrt wird auch Fronleichnam immer an einem Donnerstag gefeiert, nämlich am zehnten Tag nach Pfingsten. Fronleichnam ist ein hoher katholischer Feiertag, den es seit dem 13. Jahrhundert gibt. Bei einer Prozession wird das Altarsakrament, das Brot als Zeichen für den Leib Christi, sichtbar durch die Straßen getragen.

DER LEIB DES HERRN
(lateinisch Corpus Christi/ mittelhochdeutsch Vronlichnam = »Leib des Herrn«)

Im Lauf des Mittelalters veränderte sich die Prozession. Zunächst trug der Priester die Monstranz mit dem Allerheiligsten einmal feierlich um die Kirche. Der Zug der Gläubigen folgte ihm. Später wurden in Dörfern und Städten in den vier Himmelsrichtungen Altäre für die vier Evangelisten aufgestellt, wo ein Text aus einem der Evangelien gelesen wurde. Oft gehörten die Altäre Familien, die sie jedes Jahr aufstellten und schmückten. Die Zünfte und Gilden organisierten ab dem 14. Jahrhundert die Prozessionen in ihren Städten und führten dabei auch die biblische Geschichte in den »Fronleichnamsspielen« auf.

FRONLEICHNAMS-PROZESSION

Auf dem Prozessionsweg und vor den Altären werden kunstvolle Blumenteppiche ausgelegt. Die Blütenmosaike zeigen die Muttergottes, den Kelch mit der Hostie oder das Kreuz. Früher baten die Gläubigen vor den Altären auch um Segen für Menschen, Vieh und Felder. Aus Körben neben den Altären nahmen sie sich ein geweihtes Kräutersträußchen, das in der Erntezeit als Dank für den Segen an die erste Garbe gesteckt wurde.

BLUMENMOSAIK

Himmelsreise des Propheten

KANDIL-NÄCHTE
(arabisch Kandil =
»Öllampe«)

Wenn an religiösen Feiertagen die Moscheen besonders beleuchtet sind, dann wird eine *Kandil*-Nacht gefeiert. Solche Nächte sind unter anderem Neujahr (1. Muharram), Maulid (der Geburtstag des Propheten) oder Beginn und Ende des Fastenmonats Ramadan.

DER MONAT RADSCHAB

Im Monat Radschab gibt es zwei solcher Kandil-Nächte. Radschab ist der erste von drei aufeinander folgenden heiligen Monaten, in denen besondere Ereignisse gefeiert werden. Die drei Monate beginnen mit *Ragaib-Kandil*, der Nacht auf den ersten Freitag des Radschab. Alle Gebete in dieser Nacht sind vor Gott besonders segensreich.

MIRADSCH-KANDIL
Die fünf »Säulen des
Islam«: Glaubensbekennt-
nis, fünfmaliges tägliches
Gebet, Almosenspende,
Fasten im Monat Ramadan,
Wallfahrt nach Mekka.

Das zweite Kandil-Fest liegt in der Nacht zum 27. Radschab und wird mit erleuchteten Moscheen, mit Gebeten, mit süßen Speisen und Treffen bei Freunden gefeiert. *Miradsch-Kandil* erinnert an die Himmelsreise des Propheten, über die im Koran berichtet wird: Eines Nachts wurde Mohammed vom Engel Gabriel geweckt und auf dem himmlischen Reittier Buraq von Mekka über Medina bis nach Jerusalem getragen. Schließlich stieg der Prophet durch die sieben Himmel bis zu Gott empor. Er erhielt das göttliche Versprechen, einst mit seiner Gemeinde ins Paradies einzukehren. Dafür forderte Gott fünf Gebete am Tag. Seitdem bilden fünf Gebete zu festgesetzten Tageszeiten die zweite der fünf Säulen des Islam.

Auf einen Blick: Islam

Name: Islam (arabisch »Unterwerfung, Hingabe an Gott«)

Religionsstifter: Mohammed (570–632 n. Chr.)

Entstehung: Ca. 600 n. Chr.

Anzahl der Anhänger: Rund 1,3 Milliarden Muslime (arabisch »der sich Gott Unterwerfende«); zweitgrößte Weltreligion nach dem Christentum

Hauptsächliche Verbreitung: Sunniten (ca. 80 %): Nordafrika, Vorderasien, Südostasien; Schiiten (ca. 20 %): Irak, Iran

Heilige Schriften: Koran (arabisch »Lesung, Vortrag«)

Heilige Orte: Mekka, Medina, Jerusalem

Gebetsstätten: Moschee (arabisch »Ort der Niederwerfung«), Kaaba (Mekka)

Geistige Leiter: Imam (arabisch »Vorsteher, Vorbild«, für Schiiten auch legitime Nachfolger Mohammeds); Chatib (arabisch »Prediger«); Muezzin (arabisch »Gebetsausrufer«); Ayatolla (persisch »Zeichen Gottes«); Mullah (persisch »Hüter, Lehrer«)

Gott: Allah (arabisch »Gott«)

Besondere heilige Zeiten: Ramadan, Fastenbrechen, Opferfest

Wichtige Persönlichkeiten: Der Prophet Mohammed, Fatima (Mohammeds Tochter); Hussein und Hassan (Fatimas Söhne); die 21 Propheten, u. a. Ibrahim (Abraham), Musa (Moses), Harun (Aaron), Dawud (David), Sulaiman (Salomon), Isa (Jesus)

Rath Yatra (Wagenfest)

GÖTTLICHE GESCHWISTER
(hindi Ratha = »Kutsche, Wagen, Rad«; Yatra = »Reise, Pilgerfahrt«)

Das größte Fest im ostindischen Bundesstaat Orissa ist *Rath Yatra,* das neuntägige Wagenfest. Inzwischen wird es auch in anderen Städten Indiens, Europas und den USA gefeiert, aber nirgendwo ist es so großartig wie in der Stadt Puri, wo einer der vier heiligsten Tempel Indiens steht, der Tempel für die Götter Jagannath (einer Erscheinungsform Vishnus), seinen Bruder Balabhadra und seine Schwester Subhadra.

DIE REISE DER GÖTTER

Einmal im Jahr verlassen die in feine Stoffe gekleideten Holzstatuen der Götter ihren Tempel, um die Reise zu dem drei Kilometer entfernten Tempel Gundicha Ghar anzutreten. Es gibt verschiedene Erzählungen, warum sie das tun. Eine davon besagt, dass Jagannath dort geboren sei und alljährlich sein »Gartenhaus« besuchen wolle. Dort verbringen die Gottheiten eine Woche und kehren dann wieder zurück.

DAS WAGENFEST

Rund eine Million Pilger versammelt sich in der Tempelstadt, um die drei tempelähnlichen, bis zu 14 Meter hohen Wagen für die Gottheiten unter dem lauten Klang von Trommeln und Gongs nach Gundicha Ghar und nach acht Tagen wieder zurück zu ziehen. Alle versuchen einen Blick auf Jagannath zu werfen, weil das Glück verheißt. Die Wagen werden jedes Jahr nach uraltem Muster gebaut und dienen dem Tempel nach dem Fest als Brennholz.

Obon (Japanisches Totenfest)

Obon ist eines der größten buddhistischen Feste Japans und dauert vier Tage. Es wird zu Ehren der Verstorbenen gefeiert, deren Geister einmal im Jahr aus dem Jenseits zurückkommen. Ursprünglich begann es am 15. Tag des siebten Mondmonats. Heute wird es in verschiedenen Regionen Japans zu verschiedenen Terminen nach dem Sonnenkalender gefeiert, gewöhnlich um den 15. Juli oder den 15. August.

DAS JAPANISCHE »ALLERSEELEN«

Aus dem buddhistischen Fest ist inzwischen auch ein Familienfest geworden. Die Familienmitglieder besuchen ihre Heimatorte und die Gräber ihrer Ahnen, um ihre Geister nach Hause zu rufen. Das Haus wird gereinigt und besondere Speisen werden zubereitet.

FAMILIENFEST

Seit etwa 700 Jahren spielen Lichter eine große Rolle beim Obon-Fest. Man entzündet kleine Feuer oder Laternen vor dem Haus, um die Geister der Ahnen willkommen zu heißen. Sie werden mit Obst, Gemüse und Reiswein versorgt. Am Abend des dritten Tages verabschiedet man sie mit kleinen Papierlaternen, die zu Hunderten auf einem Fluss oder auf dem Meer davongleiten. Und am letzten Tag weist man den Ahnen den Weg zurück, indem man an ihren Gräbern Papierlaternen und Gebetsstäbe entzündet, auf denen gute Wünsche für die Verstorbenen stehen.

LICHTERFEST

Asalha Puja (Fest der ersten Predigt Buddhas)

DIE ERSTE REDE BUDDHAS
(sanskrit Asalha = 8. Mondmonat in Thailand)

Zwei Monate nach Buddhas Erwachen, das mit dem Fest Vesakh gefeiert wird, gedenkt man am Vollmondtag des Monats *Asalha* der ersten Predigt, die Buddha im Hirschgarten von Benares an fünf Gefährten richtete. Es ist eines der wichtigsten Feste des Theravada-Buddhismus, denn die Grundgedanken des *Dharma*, der Lehre Buddhas, werden zum ersten Mal erklärt und die erste *Sangha*, die erste Mönchsgemeinde, entsteht.

DER ACHTFACHE PFAD, DAS RAD DER WAHRHEIT

Zum *Dharma*, der Lehre Buddhas, gehört die Erkenntnis, dass nur der achtfache Pfad zur Erlösung führt. Er besteht aus acht Elementen des Lebens, die genau befolgt werden sollten. Dazu gehört, auf die rechte Art zu reden, zu handeln und sein Leben zu führen. Der achtfache Pfad wird auch das »Rad der Wahrheit« genannt und ist zum Sinnbild für den Buddhismus geworden.

BESINNLICH

Die Mönche begehen diesen Tag mit Gebeten und dem Vortragen dieser ersten Rede Buddhas aus den Schriften.

Nacht der Freisprechung

Im zweiten heiligen Monat, dem Monat Schaban, wird die Vollmondnacht am 15. Tag besonders fröhlich und mit einem Feuerwerk gefeiert. In dieser »Nacht der Freisprechung« öffnet sich der Himmel. Die Engel erflehen an den Himmelstoren Vergebung für die Muslime, die sich keiner Todsünde schuldig gemacht haben.

DIE VOLLMONDNACHT

Es heißt auch, dass die Engel in dieser Nacht ihre Bücher vorlegen, in denen die Taten der Menschen verzeichnet sind. Der Glaube an die Engel Gottes und an das Jüngste Gericht gehört zu den sechs Glaubensgrundsätzen im Islam. Die Gläubigen bitten um Vergebung für ihre schlechten Taten. Durch die Fürbitte der Engel gewährt Gott die Vergebung. Mit einer besonders beleuchteten Moschee und mit süßen Speisen wird die Freude darüber gefeiert.

DIE ENGEL GOTTES

Zu den sechs Glaubensgrundsätzen gehört auch der Glaube an ein *Kismet*. In dieser Nacht soll Gott die Namen der Menschen auf die Blätter des *Sidra*-Baumes, des »Lotosbaumes der äußeren Grenze«, schreiben. Er schüttelt den Baum und die Blätter mit den Namen der Menschen, die in den nächsten zwölf Monaten sterben werden, fallen zur Erde. Eine andere Legende besagt, dass nicht nur diese Namen, sondern alles, was den Menschen geschehen wird, auf den Blättern geschrieben steht.

DER BAUM DES SCHICKSALS
(arabisch Kismet = »ein von Gott vorbestimmtes Schicksal«)

Ramadan (Fastenmonat)

»WILLKOMMEN SEI DER MONAT DES GUTEN«

Ramadan ist der dritte heilige Monat und der fünfte Monat im islamischen Kalender. Im heiligen Buch des Islam, im Koran, ist genau festgelegt, wie er begangen wird. Sobald man im ersten Morgenlicht einen weißen von einem schwarzen Faden unterscheiden kann, darf bis zur Vollendung des Sonnenuntergangs nichts mehr gegessen und getrunken werden. Erst danach trinkt man einen Schluck Wasser und isst einige Datteln. Und nach dem Abendgebet wird mit einem fröhlichen Essen und mit Familie und Freunden *iftar* (Abendmahlzeit) gefeiert.

FASTENZEITEN

Fastenzeiten wie die christliche vor Ostern oder Jom Kippur, das höchste jüdische Fest, sind immer Zeiten der Buße, Reinigung und Versöhnung. Gläubige Muslime fasten 30 Tage im Ramadan und verzichten auf jeglichen Luxus und Genuss. Ramadan ist der Monat der Versöhnung und Besinnung. Deshalb wird er auch »König der Monate« genannt. Er endet, wenn die erste Mondsichel des folgenden Monats Schawwal gesichtet worden ist.

RAMADANKALENDER

Seit dem Jahr 2000, als sich die Adventszeit in Deutschland mit dem Ramadan überschnitt, gibt es Ramadankalender für Kinder – mit Türchen, in Buchform oder als Wandkalender. Besonders beliebt sind natürlich die Kalender mit dreißig Türchen, denn dahinter versteckt sich auch Schokolade, die nach Sonnenuntergang gegessen werden darf.

Tischa b'Aw (9. Tag des Monats Aw)

DIE TEMPEL VON JERUSALEM

Wie von Gott verheißen, ließen sich die Israeliten im Gelobten Land nieder. 957 v. Chr. baute Salomo, der Sohn Königs Davids, den ersten Tempel für das Allerheiligste, die Bundeslade mit den Gesetzestafeln. 587 v. Chr. wurde der Tempel von den Assyrern zerstört und die Israeliten zogen in die Babylonische Gefangenschaft. Auch der zweite Tempel, den König Herodes 19. v. Chr. bauen ließ, wurde zerstört. Die Römer plünderten ihn und brannten ihn 70 n. Chr. nieder. Nur der westliche Teil der Mauer, die den Tempel abgrenzte, blieb stehen. Sie heißt heute Klagemauer und täglich beten viele Juden an ihr.

ZEIT DER TRAUER

Im Sommermonat Aw begehen die Juden eine dreiwöchige Trauerzeit, die an die Zerstörung der Tempel erinnert. In diesen drei Wochen werden keine Hochzeiten gefeiert, niemand trägt neue Kleider oder spielt Musik.

DAS ENDE DER TRAUER
(hebräisch Tischa b'Aw = »der 9. Aw«)

Das Fest *Tischa b'Aw* ist das Ende dieser drei Wochen der Trauer. Am 9. Tag des Monats Aw fand beide Male die Zerstörung des Tempels statt. Die Juden fasten und treffen sich am Vorabend des Tages in der Synagoge, aus der jeder Schmuck entfernt ist. Zum Zeichen der Trauer sind die Gläubigen barfuß und setzen sich auf niedrige Schemel, um die Klagelieder Jeremias vorzutragen. Die Lieder handeln von der Zerstörung des Tempels.

Raksha Bandhan (Geschwisterfest)

DAS FEST DER GESCHWISTER
(hindi Raksha Bandhan = »schützende Verbindung«)

Raksha Bandhan wird hauptsächlich im Norden Indiens zum Vollmond des 5. Mondmonats gefeiert. Es ist ein Fest für Geschwister. Schwestern binden ihren Brüdern ein Rakhi, ein auf dem Hausaltar gesegnetes Band aus Baumwolle oder Seide um das rechte Handgelenk. Dabei tupfen sie den Brüdern einen Segenspunkt auf die Stirn. Die Brüder geben ihren Schwestern ein kleines Geschenk und versprechen, ihnen ein Leben lang beizustehen.

EIN BAND ALS SCHUTZ

Das Rhaki-Band können Frauen auch Cousins oder Freunden umlegen. Das Band verbindet sie nach alter Sitte ein Leben lang als Rhaki-Bruder und Rakhi-Schwester, es schützt vor Krankheit und anderem Unheil. Selbst Götter und Fürsten haben diesen Brauch schon für sich beansprucht, so berichten unzählige Dichtungen. Ohne den Schutz der Schwestern hätten sie ihre Feinde nicht besiegen können.

EIN BAND DER BRÜDERLICHKEIT

Das Rhaki-Band wird nicht nur unter Geschwistern benutzt. Es kann auch ein Zeichen des Schutzes der Gläubigen durch einen Guru sein (Nepal) oder ein Zeichen der politischen Freundschaft. So benutzten es Hindus und Moslems im geteilten Bengalen 1905 während des indischen Unabhängigkeitskampfes zum Zeichen ihrer Verbrüderung gegen die britische Kolonialmacht.

Krishna Jayanti (Krishnas Geburtstag)

Ein König trachtete Krishna (einer Erscheinungsform des Gottes Vishnu) nach dem Leben, weil ihm geweissagt worden war, dass ein Sohn seiner Schwester ihn umbringen würde. Er ließ alle Neugeborenen töten, um sicher zu sein, dass das Kind dabei war. Es war aber inzwischen von seinem Vater zu einer Hirtenfamilie in Sicherheit gebracht worden.

DER GEBURTSTAG KRISHNAS

An *Janmashtami* oder *Krishna Jayanti* wird Krishnas Geburtstag gefeiert. Am Vorabend des Festes fasten viele Gläubige bis Mitternacht, der Geburtsstunde Krishnas. Dann beginnt das Fest in den geschmückten und beleuchteten Tempeln. Glocken läuten, Muschelhörner ertönen und es werden Lieder mit dem Namen des Gottes gesungen. In einer *Puja* verehrt der Priester den Gott in Gestalt eines Kindes in einem kleinen, mit Blumen geschmückten Bett.

IM TEMPEL UM MITTERNACHT
(sanskrit Jayanti = »Geburtstag«)
(sanskrit ashtami = 8. Tag nach dem Vollmond)

Am Festtag werden Szenen aus der Jugend Krishnas aufgeführt und Lesungen über sein Leben gehalten. Besonders beliebt ist das »Zerbrechen des Milchtopfes«. Krishna soll bei den Hirten gerne aus einem hoch hängenden Milchtopf genascht haben. Bei seinem Fest ziehen Jungen durch die Stadt. Überall sind mit Buttermilch gefüllte Tontöpfe so hoch aufgehängt, dass die Jungen sie nur mit einer Menschenpyramide erreichen können. Zur Freude aller zerbricht der oberste Junge dann den Tontopf.

DER MILCHTOPF

Nacht der Bestimmung

Die »Nacht der Bestimmung« ist die heiligste Nacht im Islam. Sie findet am 27. Tag des Ramadan statt. Viele gläubige Männer feiern diese Nacht in der Moschee mit Gebeten und Lesungen aus dem Koran, Frauen ziehen sich dazu ins Haus zurück. Die Überlieferung besagt, dass an diesem Tag der Prophet Mohammed den Koran von Gott offenbart bekam. In 114 Suren, den »Kapiteln« dieses heiligen Buches, sind die islamischen Glaubensüberzeugungen festgehalten.

**DIE GLAUBENS-
GRUNDSÄTZE**

Der Koran ist für gläubige Muslime die wörtliche Offenbarung Gottes. Er dient nicht nur als Grundlage der Gesetzgebung, sondern beeinflusst das gesamte Leben der Gläubigen mit den Glaubensgrundsätzen, die in ihm verankert sind, dem unerschütterlichen Glauben an

1. Allah, den einen Gott;
2. seine Engel, besonders die vier Erzengel Mikail/Michael (Gerechtigkeit), Gibril/Gabriel (Übermittler der göttlichen Weisheit), Azrael (Todesengel), Israfil/Raphael (Engel des Jüngsten Gerichts);
3. seine Bücher (Tora, Psalmen, Evangelium, Koran);
4. seine Gesandten (Propheten wie Jesus, Mohammed);
5. das Jüngste Gericht und die Entscheidung zwischen guten und bösen Taten (Himmel oder Hölle);
6. das Kismet, das von Gott vorherbestimmte Schicksal.

Fest des Fastenbrechens

Der Fastenmonat Ramadan ist zu Ende, wenn die erste Mondsichel des Monats Schawwal gesichtet worden ist. Nun beginnt
ein großes Fest, das für muslimische Kinder genauso wichtig ist
wie Weihnachten für christliche Kinder. Das »Fest des Fasten-
brechens« oder türkisch *Seker Bayrami* (»Zuckerfest«) dauert
drei Tage. Neben dem Opferfest ist es eines der beiden Haupt-
feste im Islam.

DAS ENDE DES RAMADAN

Gläubige Muslime ziehen ihre besten Kleider an und geben
Almosen an die Armen. Auch die Almosenspende gehört zu
den fünf Säulen des Islam. Danach verrichten die Gläubigen in
der Moschee oder auf einem Gebetsplatz die rituelle Waschung
und das Morgengebet. Gebete und Predigt in der Moschee werden mit dem Ruf »*Allahu akbar*« beendet.

FASTENBRECHEN
*(arabisch Allahu akbar =
»Gott ist größer [als
alles]«)*

Jedes muslimische Land kennt andere Speisen, mit denen das
Fastenbrechen gefeiert wird. Die Speisen müssen auf jeden Fall
süß sein. Deshalb heißt das Fest in der Türkei auch »Zuckerfest«. Hier isst man Baklava, einen süßen Kuchen aus dünnen
Blätterteigschichten,
gefüllt mit Nüssen,
Mandeln und natür-
lich viel Zucker.

ZUCKER, SIRUP ODER HONIG

Feste im Herbst

Ganesha Chaturthi (Ganeshas Fest)

GANESHAS ENTSTEHUNG Eines Tages kehrte der Gott Shiva aus einem Krieg zurück und sah vor seinem Haus einen Jungen stehen, der ihn nicht hereinlassen wollte. Kurzerhand schlug er ihm den Kopf ab. Aber er musste feststellen, dass er Ganesha, den Sohn seiner Frau Parvati, getötet hatte. Sie hatte ihn aus Lehm erschaffen, damit er die Tür bewachte, solange sie badete. Shiva befahl seinen Dienern, ihm den Kopf des ersten Lebewesens zu bringen, auf das sie träfen. Und so erweckte er den Jungen mit dem Kopf eines Elefanten zum Leben.

DAS FEST
(sanskrit Chaturthi = 4. Tag nach dem Vollmond) *Ganesha Chaturthi* feiert das Erscheinen Ganeshas auf der Erde. Er ist eine der wichtigsten Gottheiten Indiens und wird als Herr der Künste und Wissenschaften, der Weisheit, des Beginns und der Veränderung verehrt. Unzählige Figuren des Gottes mit dem Elefantenkopf werden vor dem Fest in verschiedenen Größen aus Lehm oder Pappmaschee geformt und in Städten, Universitäten und Schulen aufgestellt. Zehn Tage lang verehren die Gläubigen das Göttliche in diesen Figuren mit täglichen Pujas.

PROZESSIONEN Am elften Tag endet das Fest mit einer großen Prozession durch die Straßen. Die Figuren des Gottes werden mit Musik und Tanz zum Meer oder zu einem Fluss begleitet und feierlich versenkt. Erst im nächsten Jahr wird Ganesha wieder zu den Gläubigen zurückkehren.

Auf einen Blick: Hinduismus

Name: Seit dem 19. Jahrhundert Sammelbezeichnung für Religionen Indiens, die nicht zu den vier anderen Weltreligionen gehören.

Religionsstifter: Es gibt keinen Religionsstifter

Entstehung: Um 2000 v. Chr.

Anzahl der Anhänger: Rund 900 Millionen Hindus

Hauptsächliche Verbreitung: Indischer Subkontinent

Heilige Schriften: Die Veden (sanskrit »Wissen«), vier Hymnen zum Lob der Götter, ca. 1200 v. Chr.; Bhagavad Gita (sanskrit »Gesang Gottes«), ca. 500–200 v. Chr.

Heilige Orte: Heilige Flüsse (Ganges, Yamuna, Godavari, Ksipra), Heilige Städte (Prayag/Allahabad, Haridwar, Ujjain und Nashik)

Gebetsstätten: Tempel, Einsiedeleien

Geistige Leiter: Guru (sanskrit »Lehrer«), Sadhu (sanskrit »Guter«)

Gott: Viele Götter; die wichtigsten sind Brahma (Schöpfer), Vishnu (Erhalter), Shiva (Zerstörer) in der Einheit der Trimurti (sanskrit »drei Formen«)

Besondere heilige Zeiten: Kumbh Mela (Krugfest), Makar Sankranti (Sonnenwendfest), Rath Yatra (Wagenfest), Diwali (Lichterfest)

Wichtige Persönlichkeiten: Mahatma Gandhi (1869–1948)

Navaratri (Fest der neun Nächte)

DER BEGINN DES HERBSTES
(sanskrit Nava = »neun«; Ratri = »Nächte«)

Navaratri, das »Fest der neun Nächte« wird zu Ehren der neun Formen der weiblichen Gottheit gefeiert. Überall in Indien hat es verschiedene Traditionen, manchmal auch unterschiedliche Namen. In manchen Regionen wird es auch zusätzlich noch zum Beginn anderer Jahreszeiten gefeiert. Das wichtigste dieser neuntägigen Feste findet zu Beginn des Herbstes statt.

DIE WEIBLICHE DREIHEIT
(sanskrit Shakti = »Kraft«)
(sanskrit Devi = »Göttin«)

Manche Hindus verehren in dieser Zeit *Shakti*, die »Göttliche Mutter«, die weibliche Urkraft des Universums. Sie vereinigt alle göttlichen Kräfte in sich, weibliche und männliche. Für andere ist *Shakti* gleichbedeutend mit der *Tridevi*, der göttlichen Dreiheit Saraswati (Schöpferin), Lakshmi (Erhalterin) und Parvati (Zerstörerin). Die Tridevi ist das weibliche Gegenüber der männlichen *Trimurti* (Brahma, Vishnu und Shiva) und ist wie sie auch ein Sinnbild für den ewigen Kreislauf des Lebens.

DAS FEST DER GÖTTINNEN

Fast überall in Indien werden für neun Tage die Tempel und Figuren der Göttinnen geschmückt. Die Gläubigen fasten jeden Tag und beten vor den Statuen, die Sinnbilder für die göttlichen Energien sind: Sie bitten Parvati (Durga) um Zerstörung alles Schlechten, Lakshmi um geistigen Reichtum und Saraswati um Weisheit. In vielen Regionen finden Hochzeiten statt, weil das Fest Glück bringt.

Rosch ha-Schana (Jüdisches Neujahrsfest)

Zwei Tage lang wird das jüdische Neujahrsfest *Rosch ha-Schana* im Monat Tischri, dem ersten Monat des jüdischen Mondkalenders (September/Oktober), begangen. Es erinnert daran, dass Gott einmal über alle Menschen Gericht halten wird. Im Gottesdienst in der Synagoge wird das *Schofar* geblasen, um die Menschen an ihre Sünden zu erinnern und das Lob Gottes zu verkünden.

ROSCH HA-SCHANA
(hebräisch = »Kopf des Jahres«)
(Schofar = Widderhorn)

Rosch ha-Schana ist der Beginn einer zehntägigen Zeit der Reue und Umkehr. Die Juden glauben, dass nun das »Buch des Lebens« mit allen Taten der Menschen vor dem Richterstuhl Gottes aufgeschlagen ist. Zehn Tage haben die Gläubigen Zeit, unrechte Taten zu bereuen und sich mit ihren Mitmenschen zu versöhnen. Am Nachmittag des ersten Tages gehen sie deshalb an ein fließendes Wasser und stülpen ihre Taschen um, damit die Sünden des vergangenen Jahres herausfallen und im Wasser versinken.

TAGE DER UMKEHR

Das Fest erinnert auch an den ersten Schöpfungstag und wird als »Geburtstag der Welt« verstanden. Am Neujahrsabend begrüßen sich die Juden mit dem Neujahrswunsch: »Zu einem guten Jahr mögest du ins Buch des Lebens eingetragen sein.« Beim feierlichen Essen zu Hause brennen Kerzen. Nach dem Segen ist es Brauch, als Sinnbild für ein »süßes Jahr« in Honig getauchtes Brot zu essen.

SCHANA TOVA U'METUKA!
(hebräisch = »Ein gutes und süßes Jahr!«)

Dassera (Fest des zehnten Tages)

DAS ENDE DER NEUN NÄCHTE

Dassera beendet Navaratri, das »Fest der neun Nächte«, und wird am 10. Tag des 7. Mondmonats gefeiert. In den Regionen Indiens hat es verschiedene Namen und auch die Art, das Fest zu feiern, ist unterschiedlich. Es ist jedoch eines der höchsten Feste Indiens, weil dieser Tag auch als Sieg des Guten über das Böse gefeiert wird.

RAMAS KAMPF GEGEN DEN DÄMON
(sanskrit Ramayana = »Reise Ramas«)

Im Norden Indiens steht an diesem Tag Rama, eine Erscheinungsform Vishnus, im Mittelpunkt. Im Heldenepos Ramayana wird berichtet, wie Rama mithilfe des Affengottes Hanuman seine Frau Sita befreien konnte, die der Dämonenkönig Ravana entführt hatte. Nach langem Kampf konnte Rama den Dämonen töten, obwohl er als unsterblich galt.

FEUER GEGEN DAS BÖSE

Der Tag wird mit Darstellungen von Ramas Sieg über Ravana gefeiert. Höhepunkt ist das Verbrennen der Statuen, die Ramas Feinde darstellen: Ravana, seinen Bruder und seinen Sohn. Hunderte von Menschen beobachten auf einem großen Platz, wie Schauspieler inmitten explodierender Knallfrösche die Szene des Sieges spielen. Schließlich werden die drei Statuen, die auch mit Feuerwerkskörpern gefüllt sind, angezündet. Das Böse ist besiegt.

Jom Kippur (Tag der Versöhnung)

Das höchste und heiligste jüdische Fest ist zugleich der Abschluss der zehn Bußtage, die mit Rosch ha-Schana beginnen. Am *Jom Kippur* spricht Gott das Urteil über die Menschen und das »Buch des Lebens« wird wieder geschlossen. Menschen, die sich versöhnt und begangenes Unrecht gutgemacht haben, werden freigesprochen.

DAS HÖCHSTE JÜDISCHE FEST
(hebräisch Jom Kippur = »Tag der Versöhnung«)

Dieser Tag ist der stillste Tag des Jahres. Das öffentliche Leben ruht, in den Flughäfen wird nicht gearbeitet, die Radio- und Fernsehsender stellen ihr Programm ein. Fast niemand ist auf der Straße und die Restaurants und Cafés sind an diesem strengen Fasttag geschlossen.

DER STILLSTE TAG IM JAHR

Am Vorabend des Tages versammeln sich die Gläubigen in der Synagoge, wo das *Kol Nidre* gelesen wird. Mit diesem Gebet werden die Gläubigen von Gelübden oder Versprechungen freigesprochen, die sie sich oder anderen unachtsam gegeben haben. Am Tag der Versöhnung selbst hören die Gläubigen Lesungen aus der Tora und dem Buch Jona. Der Prophet Jona hatte erreicht, das die Einwohner Ninives von ihren Sünden abließen und so vor Gottes Strafgericht gerettet werden konnten. Ein langer Ton aus dem Schofar (Widderhorn) beschließt den Jom Kippur.

EIN TAG IN DER SYNAGOGE
(hebräisch Kol Nidre = »Alle Gelübde«)

Pavarana (Tag der Vergebung)

DIE BUDDHISTISCHE FASTENZEIT
(pali Vassa = »Regen«)

Am Tag nach dem wichtigen Fest Asalha Puja, das die erste Predigt Buddhas feiert, beginnt *Vassa*, die Regenzeit. Sie dauert drei Monate. Während dieser Zeit verlassen Mönche des Theravada-Buddhismus ihre Klöster nicht. Sie reisen nicht mehr umher, sondern bleiben in Klausur. Deshalb wird diese Zeit auch »buddhistische Fastenzeit« genannt.

BUSSE TUN

Mönche und Laien legen sich während dieser Zeit Bußen auf, wie nichts Süßes zu essen, besondere Meditationsübungen auszuführen oder schlechte Gewohnheiten abzulegen. Manche Laien treten sogar für die Monsunzeit ins Kloster ein, um sich ganz auf diese Buße zu konzentrieren.

PAVARANA
(sanskrit = »um Ermahnung bitten«)

Drei Monate später, am Vollmond des 11. Mondmonats in Thailand, geht die Regenzeit zu Ende. An diesem Festtag muss jeder Mönch vor die *Sangha*, die Gemeinschaft der Mönche, treten und in der *Pavarana*-Zeremonie für Vergehen, die er in den drei Monaten vielleicht begangen hat, um Ermahnung durch die anderen bitten. Die Ermahnungen erfolgen liebevoll und freundlich. Sie sind dazu gedacht, die *Sangha* zu stärken, und auch die Laien lernen darüber nachzudenken, welche Auswirkungen ihr Handeln auf andere hat.

Sukkot (Laubhüttenfest)

Zwei Wochen nach dem Neujahrsfest Rosch ha-Schana wird *Sukkot*, das Laubhüttenfest, gefeiert. Es ist neben Pessach und Schawuot das dritte Erntefest im Jahr und dauert sieben Tage. Die Juden erinnern sich, wie sie nach dem Auszug aus Ägypten vierzig Jahre durch die Wüste wanderten, bis sie mit Gottes Schutz ins Gelobte Land kamen.

DAS LAUBHÜTTENFEST

Während ihrer Wanderung wohnten sie in Hütten aus Palmzweigen. Daher ist die *Sukka* heute noch ein Sinnbild des Festes. Sie wird aus Brettern, Ästen, Laub und Tüchern errichtet und mit Blumen und Früchten geschmückt. Nachts muss man durch das Dach die Sterne sehen können.

DIE LAUBHÜTTE
(hebräisch sukka = »Laubhütte«)

An allen sieben Tagen des Festes geht man mit einem Feststrauß aus Dattelpalmen, Myrten und Bachweiden und einer Zitrusfrucht in die Synagoge. Dort herrscht eine fröhliche Stimmung. Die Gläubigen loben Gott und hören Lesungen aus dem Weisheitsbuch Salomos.

IN DER SYNAGOGE

Am letzten Tag des Festes, dem *Schemeni Azeret*, wird auch das Fest der Torafreude begangen. *Simchat Tora* feiert das Gesetz Gottes, die fünf Bücher Mose der Tora, mit lautem Jubel. Nachdem an diesem Tag wieder mit der Lesung des ersten Kapitels begonnen wurde, begleitet man die Torarollen in einer fröhlichen Prozession mit Gesang und Tanz siebenmal durch die Synagoge.

SIMCHAT TORA
(hebräisch = »Torafreude«)
(hebräisch Schemeni Azeret = »Schlussfest«)

Diwali (Lichterfest)

LICHTERFEST
(hindi Diwali = »Reihen von Lichtern«)

Diwali ist ein Fest, das immer zwanzig Tage nach Dassera zum Neumond (15. Tag) des 8. Mondmonats gefeiert wird. In den verschiedenen Regionen Indiens wird auch dieses Fest unterschiedlich gefeiert und dauert von einem Tag bis zu fünf Tagen.

DER SIEG DES GUTEN ÜBER DAS BÖSE

Im Norden Indiens ist es ein weiteres Fest für den Gott Rama, der nach vierzehn Jahren der Abwesenheit wieder in seine Hauptstadt zurückkehrt. Die Gläubigen entzünden Öllampen, die sie in langen Reihen entlang des Weges aufstellen, damit er dorthin zurückfindet. Im Süden ist es ein Fest zu Ehren Krishnas und seines Sieges über einen Dämon, der die Herrschaft über Himmel und Erde an sich gerissen hatte.

DER SIEG DES LICHTS ÜBER DIE DUNKELHEIT
(sanskrit Atman = »Seele, Atem«)

Die Bedeutung für den hinduistischen Glauben an diesem Lichterfest ist auch »das innere Licht« jedes Menschen, das *Atman*, Seele oder Atem, heißt. Atman ist ewig und rein und macht den Körper erst lebendig. Diwali feiert auch die Erkenntnis jedes Einzelnen, ein solches inneres Licht zu besitzen, das ihn aus der geistigen Dunkelheit befreit und zur inneren Freude führt. Das Fest wird deshalb mit Feuerwerken und Knallfröschen laut und fröhlich gefeiert. Man schenkt sich Süßigkeiten und hält zusammen die Puja.

Reformationstag

Martin Luther war Mönch und Doktor der Theologie. Er lebte in einer Zeit des Umbruchs am Übergang vom Mittelalter zur Neuzeit. Columbus entdeckte Amerika, Kopernikus lehrte gegen die Auffassung der Kirche, dass die Erde sich um die Sonne dreht und nicht umgekehrt, die Bauern wehrten sich gegen die Missachtung ihres Standes durch den Adel. Die Kritik an der Kirche wuchs, auch weil man sich durch den Ablasshandel mit Geld von seinen Sünden freikaufen konnte. Ein einträgliches Geschäft.

DER REFORMATOR
Martin Luther (* 10.11.1483 in Eisleben, † 18.02.1546 in Eisleben)

Luther wollte die Kritik an der Kirche beenden und hat dabei das abendländische Christentum verändert. Am 31. Oktober 1517 soll er 95 Thesen (Leitsätze) an die Tür der Schlosskirche zu Wittenberg genagelt haben. Sicher ist, dass er Briefe an seine Vorgesetzten schrieb, denen er die 95 Thesen als Grundlage für eine Diskussion beilegte. Er wurde aus der Kirche ausgestoßen.

DIE 95 THESEN LUTHERS

Es ging ihm vor allem darum, dass allein Gottes Wort, wie es in der Bibel steht, Grundlage des Glaubens ist. Damit es alle verstehen konnten, übersetzte er als Erster das Neue Testament in die deutsche Sprache. Er löste die Reformation aus, die Bewegung zur Erneuerung der christlichen Kirche. Der Protestantismus ging daraus hervor. Am Reformationstag, dem einzigen ursprünglich evangelischen Fest, erinnern sich die evangelischen Christen an den Thesenanschlag zu Wittenberg. Das Fest wird seit dem 31. Oktober 1667, dem 150. Jahrestag des Ereignisses, gefeiert.

DIE REFORMATION

Allerheiligen

EIN FEST FÜR ALLE HEILIGEN   Während der Christenverfolgungen waren so viele Märtyrer gestorben, dass man keinen dieser Heiligen vergessen wollte. Für sie wird seit dem 9. Jahrhundert das »Ostern des Herbstes« gefeiert, das Allerheiligenfest.

WER IST EIN HEILIGER?   Für katholische Christen waren Heilige die Menschen, die um ihres Glaubens willen hingerichtet worden waren oder durch ihr christliches Leben ein Zeichen gesetzt hatten. Bis ins 9. Jahrhundert wurden sie zu Heiligen, indem man sie zur »Ehre der Altäre« erhob. Das heißt, sie wurden unter dem Altar einer Kirche begraben. Die erste Heiligsprechung durch einen Papst erfolgte im Jahr 993 für Ulrich, Bischof von Augsburg (890–973).

ALLERHEILIGEN-BRÄUCHE   Früher glaubte man, dass die Seelen der Toten das Fegefeuer, den Ort ihrer Reinigung, am Allerheiligentag für 24 Stunden verlassen konnten. Man stellte Brot und Wein auf ihre Gräber, schmückte sie mit Blumen und zündete »Seelenlichter« an. Man fürchtete sich jedoch auch vor den Toten. Man sagte, sie würden in der Nacht von Allerheiligen auf Allerseelen die Häuser besuchen, in denen sie vor ihrem Tod gelebt hatten. Deshalb brannte das Herdfeuer in dieser Nacht weiter und die Reste des Abendessens blieben auf dem Tisch.

Allerseelen

Seit dem 10. Jahrhundert feiert man am 2. November den Aller- seelentag, ein Hochfest der katholischen Kirche. Nach dem Tag für alle Heiligen sollte es auch einen Tag zum Andenken der Seelen der Toten im Fegefeuer geben. Mit Messfeiern, Almosen und Fürbitten wollten die Lebenden ihnen helfen, ins Himmelreich aufgenommen zu werden. Es wurde auch ein wichtiger Tag für Familien daraus, die gemeinsam ihrer Vorfahren an deren Gräbern gedachten.

In vielen Gegenden wurde Allerseelenbrot gebacken und an Be- **BRÄUCHE AM ALLERSEELENTAG** dürftige und Waisen verteilt. Man legte Münzen auf die Gräber, für die sich Kinder »Seelenbirnen« oder Gebäck kaufen konnten. Die Kinder in Bayern bekamen einen »Allerseelenzopf« – einen Hefezopf mit Rosinen – von ihren Paten geschenkt. Hirsebrei, den man am Abend vor Allerseelen aß, hatte eine besondere Bedeutung: Jedes Hirsekorn bedeutete eine aus dem Fegefeuer befreite Seele. Allerseelenbrötchen dienten dem gleichen Zweck: So viele Brötchen man aß, so viele Seelen wurden gerettet.

Opferfest

DIE PILGERFAHRT Das Opferfest ist der Höhepunkt der Pilgerfahrt nach Mekka, der fünften Säule des Islam. Jeder Gläubige, der gesundheitlich und finanziell dazu in der Lage ist, reist einmal im Leben im letzten Monat Dhu'l Hidschdscha nach Mekka. Jährlich sind es über zwei Millionen Besucher.

HEILIGE PFLICHT
(arabisch Kaaba =
»Würfel«) Während der mehrwöchigen Pilgerfahrt erfüllt jeder Muslim bestimmte Pflichten. Mehrere Wanderungen zu heiligen Stätten in der Umgebung sind vorgeschrieben. Die Gläubigen waschen sich vor dem Betreten der heiligen Orte und legen weiße Pilgerkleidung an. In der riesigen Moschee von Mekka umkreisen sie die Kaaba siebenmal gegen den Uhrzeigersinn, so wie es die Engel mit der himmlischen Kaaba tun. Die religiöse Belohnung für die anstrengende Pilgerfahrt ist, von allen Sünden reingewaschen zu sein und ins Paradies einkehren zu können.

OPFERFEST Das Opferfest ist das höchste Fest des Islam. Es beginnt am 10. Tag des Monats Dhu'l Hidschdscha und dauert vier Tage. Das Fest erinnert an die Bereitschaft Abrahams, seinen Sohn Isaak zu opfern, bis der Engel Gabriel ihm stattdessen einen Widder brachte. Es gehört zu den religiösen Pflichten eines jeden Muslims, an diesem Tag einen Hammel zu schlachten, als Sinnbild für den Gehorsam gegenüber Gott. Wie bei allen Festen wird ein Teil des Fleisches als Almosen an Ärmere verschenkt.

Sankt Martin

Martin von Tours (316–397) ist der erste Heilige, der kein Mär- **MARTIN VON TOURS**
tyrer war. Gegen seinen Willen wurde er zum Bischof von Tours
gewählt. Er war sehr beliebt und wurde unter großer Anteil-
nahme nach seinem Tod mit 81 Jahren in Tours beigesetzt.

Was ihn bis heute berühmt macht, ist die Legende der Mantel- **DIE LEGENDE DER**
teilung. Vor dem Stadttor von Amiens traf Martin hoch zu Ross **MANTELTEILUNG**
auf einen frierenden Bettler. Ohne zu zögern, teilte er seinen
warmen Umhang mit dem Schwert und gab dem Bettler die
Hälfte. Nachts erschien ihm Christus im Traum. Er trug den
halben Mantel, denn er hatte als Bettler Martins Nächstenliebe
prüfen wollen.

Das Martinsfest wird seit dem 19. Jahrhundert mit Laternenum- **LATERNEN UND**
zügen begangen. Danach begann früher eine zweite Fastenzeit, **MARTINSGÄNSE**
die an Weihnachten endete. Vorher gab es Lichterumgänge mit
Fackeln oder ausgehöhlten Rüben. Und als Festtagsbraten kam
eine golden gebratene Gans auf den Tisch. Das hat nicht nur
mit den Legenden um den heiligen Martin zu tun. Seit dem
Mittelalter ist der Martinstag auch ein wirtschaftlicher Termin.
Gänse waren früher ein regelrechtes Zahlungsmittel und noch
heute gilt Martini auf dem Land als Termin für fällige Land-
pachten.

Buß- und Bettag

EIN TAG DER BESINNUNG Der Buß- und Bettag ist ein evangelischer Feiertag am Mittwoch vor dem letzten Sonntag im evangelischen Kirchenjahr. Im Gegensatz zu anderen Tagen verzichtet man im Gottesdienst auf das »Halleluja«. In der Predigt wird die Gemeinde zur Selbstbesinnung aufgerufen, oft wird auch auf Missstände in der Gesellschaft hingewiesen. Bei einer gemeinsamen Beichte bekennen die Gläubigen ihre Schuld und bitten Gott um Vergebung. Pfarrer oder Pfarrerin sprechen ihnen die Vergebung zu, gemäß dem Auftrag der Kirche, die Menschen von ihrer Gewissenslast zu befreien und ihnen zu einem neuen Anfang zu verhelfen.

VERGEBUNG DER SCHULD Ursprünglich wurden Bußtage in Zeiten der Not vom Staat eingeführt. Der erste dieser Art fand 1532 in Straßburg statt. Er war eine Reaktion auf die Kriege gegen das islamische Reich der osmanischen Türken. Sie wurden erst 1699 mit dem »Großen Türkenkrieg« beendet. 1848 gab es insgesamt 24 Termine für verschiedene Bußtage im Jahr. In Deutschland ist der Buß- und Bettag als bundesweiter Feiertag 1995 abgeschafft worden. Er wird nur noch in Sachsen gefeiert.

1. Muharram (Neujahr)

Muharram ist der erste Monat im islamischen Mondkalender und einer der vier heiligen Monate, in denen Kämpfe verboten, »tabu« waren. Für viele Muslime bedeutet der *1. Muharram* den Beginn eines neuen Jahres. Er wird nicht gefeiert, aber man erinnert sich an die Übersiedlung Mohammeds von seiner Geburtsstadt Mekka nach Medina im Jahr 622 n. Chr.

EIN NEUES JAHR
(arabisch Haram = »geheiligt, tabu«)

Für andere sind die ersten zehn Tage des Muharram das höchste Trauerfest, das sie mit schwarzer Kleidung, mit Fasten und Prozessionen begehen. Sie erinnern sich in dieser Zeit an den Kampf um die Nachfolge Mohammeds. Dieser Streit verleitet die beiden großen Gruppen des Islam, die Sunniten und die Schiiten, bis heute zu blutigen Kämpfen.

TRAUERFEST
(arabisch Sunna = »Tradition, überlieferte Norm«; Schia = »Partei«)

Die Schiiten gedenken an diesem Tag des Todes des Imams Al-Hussein, der in der Schlacht von Kerbela (680 n. Chr.) im heutigen Irak starb. Für Schiiten ist Al-Hussein, der Sohn von Mohammeds Tochter Fatima, der von Gott gewollte Nachfolger des Propheten. Er ist ein Märtyrer, der im Kampf gegen den regierenden Nachfolger, Kalif Yazid, sein Leben verlor. Und das in einem heiligen Monat, in dem Kämpfe verboten waren. Seit über 1300 Jahren trauern Schiiten öffentlich. Berufserzähler in schwarzer Kleidung tragen unter dem Wehklagen ihrer Zuhörer die Geschichte Al-Husseins vor. In vielen Städten werden Passionsspiele aufgeführt, die sein Leiden in Szenen darstellen.

KERBELA
(arabisch Imam = »Vorbild«)
(arabisch Halifa = »Stellvertreter, Nachfolger, Kalif«)

1. Advent

Seit dem 8. Jahrhundert ist der 1. Advent der Beginn des Kirchenjahres. Die Vorweihnachtzeit war eine zweite Fastenzeit im Jahr, die nach dem Martinstag begann und bis zum Heiligenabend dauerte. Durch Buße und Gebete wollte man sich der Ankunft Christi würdig erweisen. Im 16. Jahrhundert legte die Kirche die Anzahl der Adventssonntage auf vier fest. Nur in Mailand dauert die Adventszeit noch sechs Wochen und hat sechs Sonntage.

GRÜNE ZWEIGE

Die vier Sonntage der Adventszeit werden besonders gezählt. Seit dem 19. Jahrhundert kennt man dafür den Adventskranz, auf dem an jedem Sonntag eine Kerze mehr entzündet wird. Der Kranz besteht aus immergrünen Zweigen von Fichte, Tanne, Wacholder, Ilex (Stechpalme) und Efeu, die man schon im Mittelalter im Winter ins Haus holte. Ihre grüne Farbe bedeutete die Hoffnung auf erwachendes Leben und die Wiederkehr des Lichts. In der Adventszeit bedeuteten die Zweige zusätzlich die Hoffnung auf Gottes Sohn.

ROTE KERZEN

Die Kerzen auf dem Kranz brachten Licht in die dunkelste Jahreszeit und galten seit dem Mittelalter als Zeichen der Hoffnung auf eine hellere Zeit. Sie waren rot, denn diese Farbe stand für das Blut, das Christus für die Erlösung der Menschen vergossen hat.

Adventszeit

Die Adventszeit ist angefüllt mit Geheimnissen, denn es werden Weihnachtsgeschenke gebastelt oder gekauft und versteckt. Verführerische Plätzchengerüche ziehen durchs Haus und trotz des großen Angebots der Kaufhäuser findet man auch heute noch in der Adventszeit selbst gebastelten Weihnachtsbaumschmuck – vergoldete oder versilberte Nüsse oder Sterne aus Gold- und Silberfolie.

GEHEIMNISVOLL

Um das Warten auf Weihnachten zu verkürzen, gibt es seit langer Zeit Adventskalender. Früher sah er noch anders aus als heute. Er konnte aus 24 Kreidestrichen bestehen, von denen die Kinder jeden Tag einen wegwischen durften. Oder man legte jeden Tag einen Strohhalm mehr in die Krippe, in die dann an Weihnachten die Christusfigur gelegt wurde. Es gab auch Kalenderkerzen, die jeden Tag bis zu einer Markierung ein Stück weiter abbrannten. Heute klappen die Kinder am liebsten Kalendertürchen auf, hinter denen sich Schokolade versteckt.

ADVENTSKALENDER

Überall finden in der Adventszeit Weihnachtsmärkte statt. Der berühmteste in der Welt ist wohl seit dem 17. Jahrhundert der Nürnberger Christkindlesmarkt. Die Figur des Christkinds gibt es seit der Reformation, als die Heiligenverehrung verboten wurde. Das Christkind löste den Nikolaus ab und wird seitdem von einem Mädchen dargestellt.

WEIHNACHTSMÄRKTE

חנוכה

Feste im Winter

Aschura (Zehnter Tag)

DER ZEHNTE TAG
(arabisch aschara = »zehn«)
(arabisch Ya Hussein = »O Hussein«)

Der *Ashura*-Tag, der zehnte Tag nach dem islamischen Neujahrstag, wird in verschiedenen islamischen Ländern und in verschiedenen religiösen Gruppen unterschiedlich begangen. Für Schiiten ist es der Höhepunkt ihrer Trauer um den Tod des Imam Al-Hussein, der bei der Schlacht von Kerbela auch fast alle seine männlichen Verwandten verlor. Sie hören die Erzählung der Schlacht und des Sterbens Al-Husseins, sie fasten und halten Trauerprozessionen zum Klang von Trommeln und dem Ruf »*Ya Hussein!*« ab.

ANDERE ANLÄSSE

Am Aschura-Tag soll aber auch vieles andere geschehen sein, worüber die Bibel und der Koran berichten: Adam wurde erschaffen, Abraham sollte seinen Sohn Isaak opfern, durfte ihn aber durch einen Widder ersetzen, und Noah verließ an diesem Tag zum ersten Mal nach der Sintflut die Arche.

TÜRKISCHE ASCHURE

In der Türkei gibt es den Brauch, an diesem Tag eine *Aschure*, einen Brei aus Weizen, Bohnen, Kichererbsen, Mandeln, Rosinen, Zucker und anderen Zutaten zu kochen. Manche erklären das Rezept damit, dass man sich in der Stadt Kerbela damals nur von Essensresten ernähren konnte. Andere denken dabei eher an Noah, der nach der Sintflut nur noch aus den Vorratsresten in der Arche eine Speise zubereiten konnte. Aschure ist süß und lecker und man isst sie gemeinsam mit Freunden und Nachbarn.

Nikolaus

Nikolaus (um 280–350 n. Chr.) lebte in der heutigen Türkei. Er war Mönch im Kloster von Sion und wurde später Bischof von Myra (heute Demre). Er überlebte seine Gefangennahme und Folterung bei einer Christenverfolgung um 310 und blieb aber Bischof. So viele Legenden wurden über ihn und seine guten Taten erzählt, dass er 300 Jahre nach seinem Tod zu einem Heiligen geworden war, den die Ost- und die Westkirche verehrte.

DER BISCHOF VON MYRA

Theophanu, die griechische Ehefrau des Kaisers Otto II., förderte im 10. Jahrhundert die Nikolausverehrung in Deutschland. In den Klosterschulen wurde es Brauch, dass am Nikolaustag ein Schüler den »Bischof« spielen durfte und alle anderen auf ihn hören mussten. Seit damals ist es auch Brauch, Kinder an diesem Tag zu beschenken.

EIN HEILIGER FÜR DIE KINDER

Schon am Vorabend des Nikolaustages stellen die Kinder Schuhe oder Stiefel vor die Tür, die über Nacht vom Nikolaus gefüllt werden. Früher klopfte der Nikolaus an diesem Abend auch an die Tür und forderte ein Gedicht. Danach erst gab es Äpfel und Nüsse, Spekulatius oder einen »Klasenmann«, einen Stutenkerl aus Hefeteig für die »braven« Kinder – oder die Rute für die »bösen«!

DER NIKOLAUSABEND

Bodhi (Fest des Erwachens)

**BODHI –
DAS ERWACHEN**

Das *Bodhi*-Fest wird am achten Tag des 12. Mondmonats gefeiert. Heute ist dafür in den meisten Ländern der 8. Dezember des Sonnenkalenders festgelegt. Besonders im Mahayana-Buddhismus wird an diesem Tag das Erwachen Buddhas unter dem Bodhi-Baum, dem Heiligen Feigenbaum, gefeiert. Das Erwachen bedeutet, dass Buddha erkannte, wie Leiden in das Leben der Menschen kommt und wie es überwunden werden kann. Der Mensch kann sich selbst daraus erlösen, er muss nur den richtigen Weg gehen. Diesen Weg erklärte Buddha im *Dharma,* in seiner Lehre.

**BODHISATTVAS
*(sanskrit = »erleuchtete,
erwachte Wesen«)***

Es gibt Helfer, die die Menschen zum richtigen Weg führen können, die *Bodhisattvas.* Sie sind selbst schon weit auf dem richtigen Weg, dem Weg der Erleuchtung, gegangen. Deshalb sind sie in der Lage, anderen auf dem Weg zu Weisheit und Tugend zu helfen.

DAS BODDHI-FEST

Das Fest wird in den verschiedenen buddhistischen Ländern sehr unterschiedlich gefeiert. In manchen Ländern spielen Schulkinder Buddhas Reise der Erkenntnis nach, in anderen Ländern trifft man sich unter heiligen Bäumen zur eigenen Meditation, zu Gebeten und zur Unterweisung in Buddhas Lehre.

Chanukka (Lichterfest)

Das *Chanukka-* oder Lichterfest beginnt am 25. Kislew (November/Dezember) und dauert acht Tage. Es gehört zu den größten und zu den »freudigen Festen« Israels. Man feiert, dass im Jahr 165 v. Chr. der Tempel in Jerusalem wieder geweiht werden konnte. Er war von den Seleukiden geplündert und durch einen Altar für den griechischen Gott Zeus entweiht worden. Ein Aufstand der Juden konnte das jüdische Land von den Feinden befreien.

DAS LICHTERFEST
(hebräisch Chanukka = »Einweihung«)
(Seleukiden = in Syrien lebende Griechen)

Es dauerte acht Tage, einen neuen Altar zu bauen, bevor der Tempel geweiht werden konnte. Dafür brauchte man reines Öl, um die *Menora*, die im Tempel niemals erlöschen sollte, wieder zu entzünden. Man fand einen kleinen unversehrten Ölkrug und wie ein durch ein Wunder reichte das geweihte Öl bis zum letzten Tag aus.

DER ÖLKRUG
(Menora = siebenarmiger Leuchter)

Heute stellt man am ersten Tag des Festes den achtarmigen Chanukkaleuchter auf. An jedem Tag wird eine weitere Kerze entzündet. Dazu wird ein kleines neuntes Licht auf einem besonderen Arm des Leuchters benutzt. Es heißt *schamasch*. Segenssprüche und Gesänge begleiten das Entzünden der Kerzen. Eigentlich bekommen die Kinder nur an Purim (Losfest) Geschenke, aber weil das christliche Weihnachtsfest so nah ist, gibt es neben dem traditionellen Chanukka-Geld heute auch Geschenke in einer besonderen Familiennacht während des Festes.

EIN LICHT FÜR JEDEN TAG
(hebräisch schamasch = »Diener«)

Heiligabend

VORBEREITUNGEN Überall auf der Welt, wo Weihnachten gefeiert wird, haben sich unzählige Bräuche entwickelt, das Fest zu gestalten. Am Heiligen Abend wird oft tagsüber alles für das Fest hergerichtet. Der Tannenbaum wird geschmückt, das Festessen vorbereitet und in manchen Familien wird die Weihnachtskrippe aufgestellt.

DAS ENDE DER ADVENTSZEIT Am Heiligenabend endete früher die Fastenzeit vor Weihnachten. Dieser besondere Abend wurde in vielen Regionen auch mit einer besonderen Fastenspeise gefeiert, dem Weihnachtskarpfen. Seit dem Mittelalter wurden in den Klöstern zu diesem Zweck Karpfen gezüchtet.

CHRISTMETTE In der Nacht auf den 25. Dezember findet auch heute noch eine mitternächtliche Messe teil, denn Christus ist nach dem Lukasevangelium (Lk 2,8) in der Nacht geboren. Feierliche Weihnachtslieder werden gesungen, die zum Teil schon seit tausend Jahren in dieser Nacht angestimmt werden. »Nun sei uns willkommen, Herre Christ« aus dem Anfang des 11. Jahrhunderts ist das älteste Lied in deutscher Sprache.

WEIHNACHTSMORGEN Wenn man durchgefroren aus der Mette nach Hause kam, aß man eine kräftige »Mettensuppe«, einer Fleischbrühe mit Nudeln oder Würstchen. Und dann konnten die Kinder kaum noch die Bescherung am Weihnachtsmorgen erwarten, die Geschenke, die sie zur Erinnerung an das Christuskind, das Geschenk Gottes, bekommen würden.

Auf einen Blick: Christentum

Name: Benannt nach Jesus Christus (griechisch Christos = »Gesalbter«)

Religionsstifter: Jesus von Nazareth (4/3 v. Chr. – 30/33 n. Chr.)

Entstehung: vor 2000 Jahren

Anzahl der Anhänger: über 2,3 Milliarden Christen; größte der fünf Weltreligionen

Hauptsächliche Verbreitung: Alle fünf Kontinente (katholische, evangelische und orthodoxe Christen)

Heilige Schriften: Die Bibel (griechisch »Papyrusrolle«) mit dem Alten und Neuen Testament

Heilige Orte: Jerusalem, Bethlehem, Rom

Gebetsstätten: Kirche, Kapelle, Kloster

Geistige Leiter: Papst (Oberhaupt der katholischen Kirche), Patriarch (Oberhaupt der orthodoxen Kirchen), Bischof, Priester, Pfarrer, Pastor

Gott: Trinität (lateinisch Trinitas = Dreizahl), die Dreieinigkeit der drei Personen des göttlichen Wesens: Gott Vater, Gott Sohn (Jesus Christus) und Gott Heiliger Geist

Besondere heilige Zeiten: Sonntag, Weihnachten, Karfreitag, Ostern, Pfingsten

Wichtige Persönlichkeiten: Abraham, Moses, Jesus Christus, Mirjam (Maria), die zwölf Apostel (griechisch »Gesandter«), u. a. Petrus, Andreas, Jacobus der Ältere; die vier Evangelisten Matthäus, Markus, Lukas, Johannes (Autoren der Evangelien über das Leben Jesu)

Weihnachten

DIE HEILIGEN NÄCHTE   Das Wort Weihnachten kommt aus dem Mittelhochdeutschen. *Ze wihen nahten* bedeutet »in den Heiligen Nächten« und bezeichnet die zwölf Nächte der Weihnachtszeit bis zum 6. Januar. Im Mittelalter beschenkte man sich am letzten Tag der Weihnachtszeit, also am Dreikönigsfest.

KRIPPENSPIELE   Damals wurde das Fest in der Kirche gefeiert. Man besuchte die Weihnachtsmesse am Morgen und erlebte die Krippenspiele, mit denen die Weihnachtsgeschichte erzählt wurde. Seit 1223 die erste Weihnachtskrippe in der Kirche des Heiligen Franziskus von Assisi gestanden hatte, nahmen auch die Kinder kleine Krippen mit der Jesusfigur zur Weihnachtsmesse mit. Erst seit der Reformation wurde es üblich, Weihnachten auch zu Hause zu feiern.

FESTESSEN   Egal ob Weihnachtsgans oder Weihnachtsschinken, beim festlichen Weihnachtsmahl ist es in ganz Europa am schönsten, wenn die ganze Familie um den Tisch sitzt. In England müssen einfach viele dabei sein, wenn der berühmte *Plumpudding* bläulich brennend hereingetragen wird. Und nach dem Essen kennt jedes Land andere Spiele: Man tanzt um den Weihnachtsbaum, erzählt sich gruselige Geschichten oder macht Ratespiele. In jedem Fall feiert die Familie fröhlich und ausgelassen. Und wenn man jemanden unter dem Mistelzweig antrifft, darf man ihn oder sie küssen!

Silvester

Nachdem Kaiser Konstantin der Große im Jahr 313 die christliche Kirche anerkannt hatte, wurde Silvester im Jahr 314 der erste Papst in Rom. Er starb am 31. Dezember 335, der auch sein Festtag wurde. Damals hätte er nicht geglaubt, dass sein Name einmal so bekannt werden würde, wie er heute ist.

SILVESTER, DER HEILIGE

Papst Gregor XIII. hatte nach der Kalenderreform am 24. Februar 1582 den »Gregorianischen Kalender« für gültig erklärt und den 1. Januar (statt des 6. Januar) als Jahresbeginn festgesetzt. Am Tag des Heiligen Silvester feierte man nicht mehr nur ein Heiligenfest. »Silvester« bezeichnete nun auch den letzten Tag des Jahres.

»SILVESTER«, DAS FEST

Die Silvesternacht gehört zu den zwölf Nächten der Weihnachtszeit, den Raunächten. Sie sind besonders geheimnisvoll. In der Silvesternacht versuchte man früher, mit Rauchfeuern (»Rauchnächte«) die Zukunft zu deuten. Und die Tiere in den Ställen bekamen geweihtes Brot, um Unheil von ihnen fernzuhalten.

GEHEIMNISVOLLE RAUNACHT

Neujahr

WENN DAS NEUE JAHR BEGINNT

Genau um 00.00 Uhr nachts, wenn das neue Jahr beginnt, hat es schon immer Lärm gegeben. Es war wichtig, die Geister des alten Jahres zu vertreiben, damit das neue Jahr gut anfangen konnte. Kirchenglocken, Feuerwerk, Geschrei und Getöse halfen dabei. Heute stößt man dazu noch mit Sekt an und wünscht sich ein gutes neues Jahr.

CHRISTLICHE URSPRÜNGE

Im Mittelalter gehörte das Neujahrsfest zu den zwölf Tagen von Weihnachten, die am 6. Januar endeten. Man beschenkte sich damals zu Neujahr und nicht an Weihnachten. Und man feierte nicht nur das neue Jahr, sondern seit dem 13. Jahrhundert auch das Fest der Namensgebung Jesu und der Beschneidung des Herrn. Evangelische und anglikanische Christen begehen dieses Fest heute noch am 1. Januar.

DAS HOCHFEST DER GOTTESMUTTER MARIA

Katholische Christen feiern seit 1969 an diesem Tag wieder das ursprüngliche Marienfest, das vom 7. bis zum 13. Jahrhundert begangen wurde, das »Hochfest der Gottesmutter Maria«. Ein Hochfest ist in der katholischen Kirche von größter Bedeutung. Es ehrt bedeutende Heilige oder Glaubensinhalte und ist noch wichtiger als ein Sonntag.

GLÜCK UND SEGEN

Seit dem Mittelalter werden mit dem christlichen Neujahrsfest Bräuche verknüpft, die Glück im neuen Jahr bringen sollen. Man verschenkt Glücksschweine und Hufeisen und verschickt Neujahrswünsche. Und man nutzt den zeitlichen Neuanfang für die verschiedensten »guten Vorsätze«, um sein Leben besser zu meistern.

Viele Neujahrstermine

Im Herbst feiern die Juden zwei Tage
lang ihr Neujahrsfest *Rosch ha-Schana*.
Für sie beginnt im Sonnenjahr 2011
das jüdische Jahr 5772.

ROSCH HA-SCHANA
(hebräisch =
»Kopf des Jahres«)

Ein Neujahrswunsch ist eng mit einer zweiten Weltreligion verknüpft. Man wünscht sich »einen guten Rutsch«, aber das hat
nichts damit zu tun, dass draußen vielleicht Schnee liegt. *Rosch
ha-Schana* ist das hebräische Wort für das jüdische Neujahrsfest. Im Deutschen hat sich *Rosch* in »Rutsch« verwandelt.

NEUJAHRSWÜNSCHE

Im Islam rechnet man mit dem Mondjahr, d.h. auch das islamische Neujahr, der *1. Muharrram,* verschiebt sich im Sonnenkalender jedes Jahr um 11 Tage rückwärts. Das islamische Jahr
1431 beginnt voraussichtlich am 26. November 2011.

DER 1. MUHARRAM

Die meisten hinduistischen und buddhistischen Länder haben
sich dem westlichen Kalender angeschlossen und beginnen das
Jahr am 1. Januar. Ihre religiösen Neujahrsfeste, die von Land
zu Land an verschiedenen Terminen im Jahr gefeiert werden,
folgen jedoch dem Mondkalender.

VIELE FESTE

Dreikönigsfest

EPIPHANIAS
(epiphania domini = »Erscheinung des Herrn«)

Eines der ältesten Kirchenfeste ist das Fest der Heiligen Drei Könige. Schon um 300 n. Chr. beging man es als Fest der Geburt und Taufe Jesu. Die orthodoxe russische Kirche feiert daher ihr Weihnachtsfest heute noch am 6. und 7. Januar.

DIE WEISEN UND IHRE GABEN

Der Evangelist Matthäus berichtet, dass Weise oder Sterndeuter nach Bethlehem kamen, weil sie einem sonderbaren Stern gefolgt waren. Sie erkannten in dem Kind in der Krippe den Sohn Gottes, den neuen König der Juden. Ihre Gaben gehörten zu den kostbarsten jener Zeit: Gold, Weihrauch und Myrrhe. Weil Matthäus von drei Gaben spricht, glaubte man, dass es auch drei Weise waren, und nannte sie Kaspar, Melchior und Balthasar.

STERNSINGER

Unter diesen Namen ziehen heute Sternsinger am 6. Januar von Haus zu Haus. Sie bitten um Gaben für die Kinder der Dritten Welt und schreiben ihren Segensspruch über die Haustür: die Jahreszahl und C+M+B. Es bedeutet »**C**hristus **M**ansionem **B**enedicat« (Christus segne dieses Haus).

DER STERN
Giotto di Bondone (1266–1337), »Anbetung der Könige« (1306). Der Halleysche Komet ist alle 75–77 Jahre von der Erde aus gut zu sehen, das letzte Mal 1986.

Und wie sah der Stern aus, dem die Weisen gefolgt sind? Bis heute streiten sich die Wissenschaftler, was die Weisen damals wirklich gesehen haben. Der italienische Künstler Giotto malte den Stern 1306 zum ersten Mal mit einem Schweif, weil er im Jahr 1301 den Halleyschen Kometen beobachtet hatte. Für Giotto war dieses Ereignis genauso beeindruckend, wie der Stern von Bethlehem es für die Weisen gewesen sein muss. Und seitdem Giotto vor über 700 Jahren den Kometen gemalt hat, kennen wir den Stern von Bethlehem mit einem Schweif.

Makar Sankranti (Wintersonnenwende)

Makar Sankranti ist ein Sonnenwendfest. Es wird nach dem Sonnenkalender berechnet und findet jedes Jahr am selben Tag, am 14. Januar, statt. Die hinduistische Religion kennt nicht nur die Sommer- und Wintersonnenwende (Juni und Dezember). Ein *Sankranti* findet in allen zwölf Monaten statt, wenn die Sonne in ein neues Tierkreiszeichen eintritt.

WINTERSONNEN-WENDE
(sanskrit Sankranti = »Sonnenwende«)

Makara, das Reittier verschiedener hinduistischer Götter, ist ein Wasserwesen (Krokodil, Delfin oder Seepferd). Es entspricht dem westlichen Tierkreiszeichen des Steinbocks. Tritt die Sonne also in das Zeichen des Makara, ist der Winter vorbei. Das Sonnenlicht kehrt zur Erde zurück und führt die Menschen auch im übertragenen Sinn aus der Dunkelheit zum Licht, zu Reinheit und Weisheit.

LICHT DER WEISHEIT

Eines der größten Wallfahrtsfeste Indiens findet an diesem Tag in Westbengalen statt. An der Mündung des heiligsten der sieben Flüsse Indiens, der Ganga (Ganges), sammeln sich Tausende Pilger auf der Insel Sagar, um in den heiligen Fluss einzutauchen. Sie erfahren Reinigung und Heilung durch das Wasser, das sie auch in Flaschen mitnehmen, weil sie es für ihre tägliche Puja brauchen.

GANGA SAGAR MELA
(sanskrit Mela = »Versammlung«)
(sanskrit Puja = »Ehrerweisung, Verehrung«)

In den verschiedenen Regionen Indiens hat das Fest viele Namen und wird auf verschiedenste Weise gefeiert, manchmal über mehrere Tage. Die Tamilen im Süden essen das Reisgericht »Pongal«. In Gujarat im Westen sammeln sich Tausende, um ihre Gebete mit Drachen zur Sonne steigen zu lassen. Im Norden wird das Erntefest *Lohri* gefeiert. Die Kinder bekommen Erdnüsse und Süßigkeiten geschenkt und abends werden Freudenfeuer entfacht.

SANKRANTI, PONGAL, LOHRI
(tamilisch Pongal = »Überkochen«)
Lohri (der Name ist nicht genau geklärt)

Magh Kumbh Mela (Feste des Kruges)

DER NEKTAR DER UNSTERBLICHKEIT

Am Anfang der Zeit wollten Götter und Dämonen aus dem Urmeer der Schöpfung, dem Milchozean, den Nektar der Unsterblichkeit holen. Sie banden Vasuki, den König der Schlangen, wie ein Seil um das Zentrum des Universums, den Götterberg Meru, und quirlten mit ihm den Ozean. Einen ganzen Krug des Unsterblichkeitnektars bekamen sie, aber es entbrannte ein Streit, wer den Krug besitzen sollte. Dabei fielen vier Tropfen des Nektars an vier Orten Indiens auf den Boden. Dort entstanden die heiligen Städte Prayag (Allahabad), Haridwar, Ujjain und Nashik.

KUMBH MELA
(sanskrit Kumbh = »Krug«;
Mela = »Versammlung«;
Purna = »voll«,
Ardha = »halb«;
Maha = »groß«)

Das »Fest des Kruges« ist eines der größten religiösen Feste der Welt. Seit 1300 Jahren wechselt es in einem zwölfjährigen Rhythmus zwischen den vier Städten, findet also alle drei Jahre statt (*Purna Kumbh Mela*). Das Fest wird in diesen Städten auch nach der Hälfte der Zeit, also nach sechs Jahren begangen (*Ardha Kumbh Mela*). Nach 144 (12 × 12) Jahren wird die Maha Kumbh Mela in Allahabad gefeiert. 2001 versammelten sich dort zu diesem Anlass ungefähr 75 Millionen Pilger, um sich einen Monat lang an bestimmten, Glück verheißenden Tagen im Zusammenfluss von Ganges und Yamuna zu reinigen. Für hinduistische Orden ist dieses Ritual gleichzeitig dazu da, neue Schüler aufzunehmen.

MAGH MELA
(sanskrit Magh =
11. Mondmonat)

2011 ist eines der Jahre ohne Kumbh Mela. In diesen Zwischenjahren veranstaltet die Stadt Allahabad die *Magh Mela*, eine Art »Mini Kumbh Mela«, zu der sich nur ungefähr drei Millionen Pilger im Monat Magh (Januar/Februar) treffen, um in den Flüssen zu baden.

Mahayana-Neujahrsfest

Der Hindu Siddhartha Gautama (5./6. Jahrhundert vor Chr.) nannte sich selbst und andere vor ihm, die den gleichen geistigen Weg wie er gegangen waren, *Buddha*. Nach ihm ist der Buddhismus benannt. Hinduismus und Buddhismus sind sich in vielem sehr ähnlich, aber im Buddhismus gibt es eine einheitliche Lehre. Die Lehre Buddhas ist in einer »Kette« oder Folge von Merksätzen, in den *Sutren*, aufgeschrieben.

BUDDHA
(sanskrit Buddha = »Erwachter«)
(sanskrit Sutra = »Faden, Kette«)

Mahayana ist heute die größte Schule oder Richtung des Buddhismus und unter anderem in China, Japan, Korea, Nordindien und Tibet verbreitet. Die Gläubigen dieser Schule wünschen sich nicht nur für sich Erlösung von allem Bösen oder Leiden, sondern auch für alle anderen Menschen. Das unterscheidet sie von der zweiten großen Schule, dem Theravada-Buddhismus der Mönche.

ERLÖSUNG FÜR ALLE
(sanskrit Mahayana = »Großer Weg, großes Fahrzeug«)
(pali Theravada = »Schule der Ältesten«)

Das neue Jahr wird im Mahayana-Buddhismus zum ersten Vollmond im Januar gefeiert. Es ist ein Fest des Neuanfangs und der Reinigung. Man säubert das Haus und zieht neue Kleidung an. Auch Buddha-Statuen werden in einer Zeremonie gereinigt. Aus tiefster Überzeugung nimmt man Zuflucht zu den »Drei Juwelen« des Glaubens, *Buddha*, *Dharma* und *Sangha*, und offenbart sich damit als Buddhist. Man beschenkt die Mönche und die Armen, bereitet festliches Essen zu und tauscht Gaben aus. Das Fest geht mit Prozessionen und mit einem Feuerwerk zu Ende.

NEUJAHR IN MAHAYANA-LÄNDERN
(sanskrit Dharma = »Sitte, Recht, Gesetz, Lehre«;
Sangha = »Gemeinschaft«)

Chunjié (Chinesisches Neujahrsfest)

DAS JAHR DES TIGERS

Am 3. Februar 2011 geht das chinesische Jahr des Tigers zu Ende und das Jahr des Hasen beginnt. Die Jahre mit Tiernamen zu verbinden geht auf eine alte Legende zurück: Eines Tages lud Buddha alle Tiere zum Neujahrsfest ein, aber nur zwölf kamen: Ratte, Büffel, Tiger, Hase, Drache, Schlange, Pferd, Schaf, Affe, Hahn, Hund und Schwein. Buddha schenkte ihnen in der Reihenfolge ihres Kommens die Herrschaft über ein Jahr. So entstanden die zwölf chinesischen Tierkreiszeichen. Sie wechseln nicht jeden Monat eines Sonnenjahres, sondern einmal jedes Mondjahr.

CHUNJIÉ
(chinesisch Chun =
»Frühling«)
(chinesisch Jié =
»Fest«)

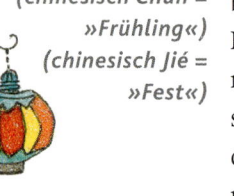

Das Neujahrsfest dauert 15 Tage und ist streng genommen kein buddhistisches Fest, aber das höchste Fest in China. Es ist ein Familien- und Frühlingsfest. Schon acht Tage zuvor beginnt man mit den Vorbereitungen. Das Haus wird gereinigt und geschmückt und das Festmahl vorbereitet. Am Vorabend verlässt die Familie eine Stunde vor Mitternacht das Haus, um die Spuren des alten Jahres mit hinauszunehmen. Danach geht man wieder hinein und durchwacht die letzte Nacht des Jahres.

XīNNIÁN KUÀILÈ!
(Chinesisch Xīnnián =
»Neujahr«)
(Chinesisch Kuàilè =
»glücklich,
fröhlich«)

Früh am nächsten Morgen werden die Fenster und Türen geöffnet, damit das Glück des neuen Jahres hereinkommen kann. Man zieht neue Kleidung und Schuhe an und nun beginnt ein zweiwöchiges Fest, bei dem an jedem Tag besondere Rituale beachtet werden. Am 15. Tag endet es mit dem Laternenfest. Unzählige Laternen, manchmal sehr groß, erleuchten die Dunkelheit. Man isst süße Klößchen aus Reis, die Eintracht symbolisieren: Wie die Reiskörner aneinanderkleben, so soll die Familie zusammenhalten.

Vasant Panchami (Frühlingsfest)

Der Hinduismus ist eine der vielseitigsten Religionen der Welt. Die verschiedensten Völker des indischen Subkontinents haben seit den frühesten heiligen Schriften, den *Veden*, also seit mehr als dreitausend Jahren ihre eigenen Vorstellungen eingebracht. Kein Wunder, dass jede Region auch eigene Feste hat, die anderswo nicht oder ganz anders oder sogar an verschiedenen Tagen gefeiert werden.

EINHEIT IN DER VIELHEIT
(sanskrit Veda = »Wissen«)

Zu den Festen, die hauptsächlich im Norden Indiens begangen werden, gehört *Vasant Panchami*. Am fünften Tag des Monats Magha (Januar/Februar) feiert man Frühlingsanfang. Die Farbe Gelb spielt dabei eine besondere Rolle. Die Frauen legen gelbe Saris an und überall blühen die Senffelder in dieser Farbe.

FRÜHLINGSFEST
(sanskrit Vasant = »Frühling«)
(sanskrit Panchami = »der Fünfte«)

Von Anfang an kennt der Hinduismus eine Vielzahl von Göttern. Wie in allen alten Religionen haben diese Götter mit bestimmten Bereichen zu tun – mit der Natur, den Gestirnen, mit Krieg, Wissen oder Heilung. Über ihnen allen steht die ewige, allmächtige und allwissende Kraft des *Brahma*, des höchsten Geistes, der in allem wohnt, was das Universum ausmacht.

VIELE GÖTTER
(sanskrit Brahma = das höchste Wesen«)

An Vasant Panchami wird auch der Geburtstag Saraswatis, der Göttin der Weisheit und der Kunst, gefeiert. Ihre Statue wird in Gelb, manchmal in Weiß gekleidet. Man bittet sie mit einer besonderen Puja um geistige Erleuchtung. Schüler und Studenten legen ihre Bücher und Stifte vor ihre Statue und die kleinen Kinder lernen an diesem wichtigen Tag ihre ersten Wörter zu schreiben.

SARASWATI PUJA
(sanskrit Saraswati = »die Fließende«)
(sanskrit Puja = »Ehrerweisung, Verehrung«)

Parinirvana (Fest des Verlöschens)

DER NIRVANA-TAG Parinirvana ist ein jährliches Fest, das von verschiedenen buddhistischen Schulen zu unterschiedlichen Terminen gefeiert wird, nämlich am 8. bzw. 15. Februar. Man feiert den Todestag Siddhartha Gautamas (5. Jahrhundert v. Chr.), des Begründers der buddhistischen Lehre.

ERFAHRUNG UND EINSICHT
(sanskrit Nirvana = »Verwehen, Verlöschen«)

Besonders an Parinirvana gedenken die Gläubigen ihrer Toten, lesen in heiligen Schriften und meditieren darüber, wie sie selbst Nirvana erreichen können. In Europa hat man Nirvana fälschlicherweise mit »Himmel« oder »Paradies« nach dem Tod gleichgesetzt. Das ist nicht gemeint. Nirvana ist eine Erfahrung Lebender, die in mehreren Schritten und nur durch intensive Meditation gelingen kann. Beschreiben kann man sie kaum. Nirvana bedeutet unter anderem die vollkommene innere Ruhe, das »Verlöschen« aller irdischen Wünsche.

DER KREISLAUF DES LEBENS Wer in seinem Leben den Zustand des Nirvana erfährt, gehört zu den Erleuchteten. Buddhisten glauben an einen Kreislauf des Lebens, an Geburt, Tod und Wiedergeburt. Nach dem Tod eines Menschen leben seine Geisteskräfte in einem oder mehreren Daseinsformen fort. Der Kreislauf des Lebens wird erst beendet, wenn man ein Erleuchteter geworden ist. Jetzt kann man vollständig »verlöschen«, also vollkommen ins Nirvana eingehen. Dieser Zustand Buddhas wird mit Parinirvana gefeiert.

Maulid (Geburtstag des Propheten)

Der Prophet Mohammed (*570 in Mekka, †632 in Medina) ist der Religionsstifter des Islam. Am 12. Tag des dritten islamischen Monats Rabi al-awwal wird *Maulid*, der Geburtstag Mohammeds, gefeiert. Seit den Anfängen des Festes im 11. und 12. Jahrhundert ist Maulid heute in den meisten islamischen Ländern ein offizieller Feiertag.

DER GEBURTSTAG DES PROPHETEN
(arabisch maulid an-nabi = »Geburtstag des Propheten«)

Manche Länder, wie Saudi-Arabien, gehen davon aus, dass der Prophet das Fest nicht gewollt hätte. Er sah nicht sich, sondern den *Koran*, das Heilige Buch des Islam, als das Wichtigste an. In Ägypten dagegen ist Maulid ein fröhlicher Festtag, an dem man Kindern Süßigkeiten schenkt. In anderen Ländern werden besondere Speisen zubereitet und auch an Arme verteilt.

NICHT ÜBERALL WIRD GLEICH GEFEIERT
(arabisch al-qur'an = »Lesung, Vortrag«)

Maulid wird als feierlicher Gedenktag mit Gebeten, Gesängen und Prozessionen begangen. Die Moscheen sind festlich beleuchtet, denn Licht ist eng mit der Geburt des Propheten verknüpft. Das *Maulud*, ein besonderes Gedicht über das Leben Mohammeds, wird vorgelesen. Man sagt, dass es Segenskraft besitzt, weil es Gott dafür preist, dass er den Propheten gesandt hat. Wer es vorträgt, bringt Frieden und Segen über sein Haus. Deshalb wird es auch bei anderen persönlichen Anlässen gelesen, zum Beispiel bei Hochzeiten oder am 40. Tag nach einem Todesfall.

MOHAMMED ALS VORBILD
(arabisch Muhammad = »der Gepriesene«)

Übersicht: Die Feste der Religionen

Der christliche Jahreskreis

Das Kirchenjahr in der christlichen Religion kann man sehr gut in einem Kreis aufzeichnen. Deshalb nennen die katholischen Christen es auch Jahreskreis. Es beginnt mit dem ersten Adventssonntag und dem Weihnachtsfestkreis. Danach folgen der Osterfestkreis (Aschermittwoch bis Pfingsten) und die übrige Zeit, die »Zeit im Jahreskreis« bis zum Toten- oder Ewigkeitssonntag. Bestimmte Feste wechseln sich mit Zeiten ab, zu denen man an bestimmte Ereignisse im Leben Jesu denkt (Fastenzeit oder Advent). Alle übrigen Zeiten heißen »Jahreskreis«.

Die wichtigsten Feste im christlichen Kirchenjahr

KATHOLISCHES FESTJAHR

Weihnachtsfestkreis – Advent
1.–4. Adventssonntag

Weihnachtsfestkreis – Weihnachten
25. 12. Hochfest der Geburt des Herrn
Fest der Heiligen Familie
1. 1. Hochfest der Gottesmutter Maria
6. 1. Hochfest der Erscheinung des Herrn

Sonntage im Jahreskreis
1. Sonntag: Taufe des Herrn
2. Sonntag im Jahreskreis
3.–5. (und 6.–8.) Sonntag im Jahreskreis

Österliche Bußzeit
Aschermittwoch,
1.–5. Fastensonntag

Karwoche
Palmsonntag
Gründonnerstag, Karfreitag, Karsamstag

Osterfestkreis
Hochfest der Auferstehung des Herrn, Ostern
Ostermontag
Weißer Sonntag
2.–6. Sonntag nach Ostern
Christi Himmelfahrt
7. Sonntag nach Ostern
Pfingsten (Hochfest), Pfingstmontag
Dreifaltigkeitssonntag
Fronleichnam (2. Donnerstag nach Pfingsten)

Zeit im Jahreskreis
9. Sonntag im Jahreskreis
Herz Jesu (3. Freitag nach Pfingsten)
10.–33. Sonntag im Jahreskreis
34. Sonntag im Jahreskreis,
Christkönigstag,
letzter Sonntag im Jahreskreis

EVANGELISCHES KIRCHENJAHR

Advent
1.–4. Sonntag im Advent

Weihnachten
25. 12. Weihnachten
1. Sonntag nach dem Christfest
1. 1. Neujahrstag, Tag der Beschneidung Jesu
6. 1. Erscheinung des Herrn, Epiphanias

Sonntage im Jahreskreis
1. Sonntag nach Epiphanias
Letzter Sonntag nach Epiphanias

Vor der Passionszeit
3.–1. Sonntag vor der Passionszeit

Passionszeit
Aschermittwoch
1.–5. Sonntag der Passionszeit

Karwoche
6. Sonntag der Passionszeit, Palmsonntag
Gründonnerstag, Karfreitag, Karsamstag

Österliche Freudenzeit
Tag der Auferstehung des Herrn, Ostern
Ostermontag
1. Sonntag nach Ostern
2. Sonntag nach Ostern, Misericordias Domini
3.–5. Sonntag nach Ostern
Christi Himmelfahrt
6. Sonntag nach Ostern
Pfingstsonntag, Pfingstmontag
Trinitatis

Nach Trinitais
1.–23. Sonntag nach Trinitatis
Buß- u. Bettag
24. Sonntag nach Trinitatis,
Ewigkeitssonntag,
letzter Sonntag im Kirchenjahr

Die wichtigsten Feste im jüdischen Mondjahr

MONAT (TAGE)	TAG	BEDEUTUNG DER FESTE IM JÜDISCHEN GLAUBEN	MONATE IM SONNENJAHR
Tischri (30)	1.–2.	**Rosch ha-Schana** Neujahrsfest, »Kopf des Jahres«	September/Oktober
	10.	**Jom Kippur** Versöhnungsfest	
	15.–22.	**Sukkot** Laubhüttenfest, Erntedankfest	
	23.	**Simchat Tora** Fest der Torafreude	
Marcheschwan (29)			Oktober/November
Kislew (30)	25.	**Chanukka** Lichterfest (acht Tage)	November/Dezember
Tewet (29)	3.	**Ende des Chanukka-Festes**	Dezember/Januar
Schewat (30)			Januar/Februar
Adar (29)	14.	**Purim** Losfest	Februar/März

»Adar II« wird bei gebotenen Schaltjahren als Ausgleich zum Sonnenjahr eingefügt

MONAT (TAGE)	TAG	BEDEUTUNG DER FESTE IM JÜDISCHEN GLAUBEN	MONATE IM SONNENJAHR
Nissan (30)	15.–21.	**Pessach** Erinnerung an den Auszug aus Ägypten und Erntedankfest	März/April
Ijar (29)			April/Mai
Siwan (30)	6.–7.	**Schawuot** Wochenfest, Erntedankfest.	Mai/Juni
Tammus (29)			Juni/Juli
Aw (30)	9.	**Tischa b'Aw** Der 9. Tag des Monats Aw, Fest der Tempelzerstörung	Juli/August
Elul (29)			August/September

Die wichtigsten Feste im islamischen Mondjahr

MONAT	TAG	BEDEUTUNG DER FESTE IM ISLAMISCHEN GLAUBEN
(29 oder 30 Tage)		Die Feste im reinen Mondjahr (354 Tage) verschieben sich im Sonnenjahr (365 Tage) um 10–11 Tage rückwärts. Sie werden jedes Jahr neu auf das Sonnenjahr umgerechnet. Ein Vergleich der Monate ist nicht möglich.
Muharram		Heiliger Monat
	1.	**Neujahrsfest**
	10.	**Aschura-Fest**
		Versöhnungsfest; Trauertag für die Schiiten
Safar		Unglücksmonat
		12 000 Propheten, die Mohammed vorausgingen, sollen in diesem Monat gestorben sein.
Rabi al-awwal	12.	**Maulid**
		Geburtstag des Propheten
Rabi ath-thani		Keine wichtigen Feste
Dschumada'l-ula		Keine wichtigen Feste
Dschumada'l-achira		Keine wichtigen Feste
Radschab	27.	Heiliger Monat
		Himmelsreise des Propheten
Schaban	15.	Heiliger Monat
		Nacht der Freisprechung
Ramadan		Heiliger **Fastenmonat**
		4. Säule des Islam
		In der **Nacht der Bestimmung** im letzten Drittel des Monats ist Mohammed von Gott der Koran offenbart worden.
Schawwal	1.–3.	**Fest des Fastenbrechens** oder **Zuckerfest** (Türkei)
		»Kleines Fest«
Dhu'l-qada		Der »leere Monat« ohne Feiertag
Dhu'l-Hidschdscha	10.	**Pilgerfahrt nach Mekka**
		5. Säule des Islam
		Opferfest
		»Großes Fest«

Die wichtigsten Feste im hinduistischen Mondjahr

In Indien werden Feste nach dem Lunisolar-Kalender berechnet: Ungefähr alle drei Jahre wird ein Schaltmonat im Mondjahr eingefügt, um die fehlende Zeit zum Sonnenjahr auszugleichen. Im Norden Indiens dauern die Mondmonate nach dem Purnimantha-Kalender von Vollmond zu Vollmond (V), im Süden und Westen nach dem Amantha-Kalender von Neumond zu Neumond (N). Die Datumsangabe gemeinsamer Feste kann sich so bis zu zwei Wochen verschieben.

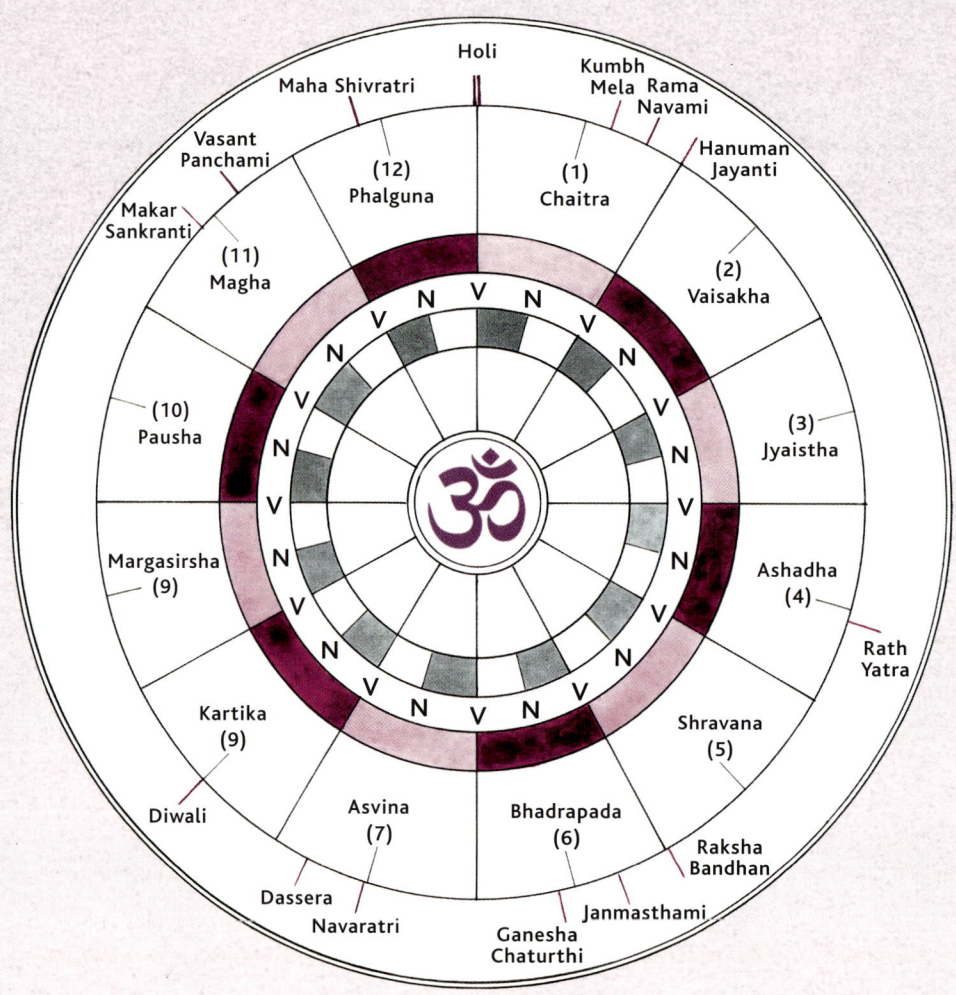

Die wichtigsten Feste im buddhistischen Mondjahr

Buddhistische Feste werden nach dem Mondkalender berechnet. Sie finden an *Uposatha*-Tagen (Fastentagen) zu Vollmond (V), Halbmond oder Neumond (N) statt und werden jedes Jahr neu berechnet. Die Umrechnung auf das Sonnenjahr wird dadurch erschwert, dass es in buddhistischen Ländern verschiedene Kalender und unterschiedliche Jahresanfänge und Jahreslängen gibt. Auch die eingeschobenen Schaltjahre mit einem zusätzlichen Monat, der die fehlenden Tage zum Sonnenjahr ausgleichen soll, werden unterschiedlich berechnet.

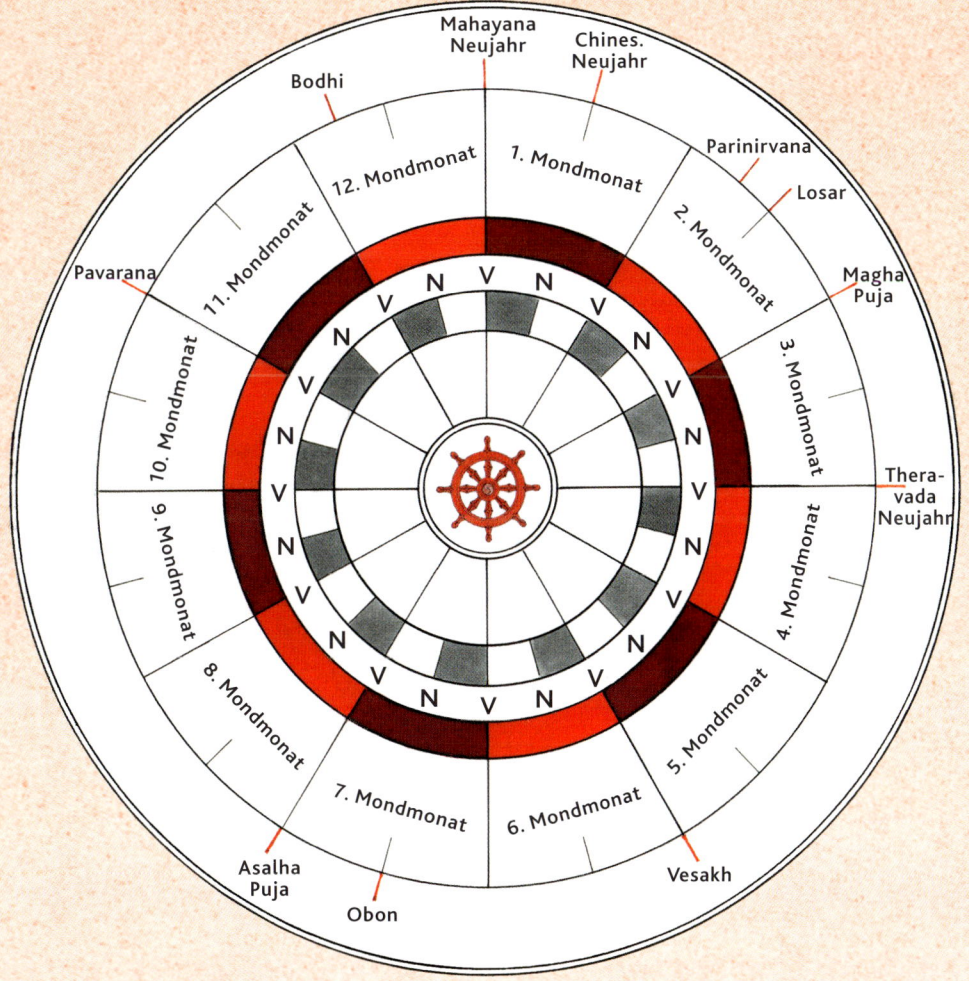

Worterklärungen

Althochdeutsch

Chara = »Trauer, Kummer«; *Kar*freitag
Gronan = »greinen, weinen«; *Grün*donnerstag

Arabisch

Al-dschum'a = »Tag der Versammlung«
Allahu akbar = »Gott ist größer [als alles]«
Al-qur'an = »Lesung, Vortrag«; Koran
Aschara = »zehn«
Chatib = »Prediger«
Halifa = »Stellvertreter, Nachfolger, Kalif«
Haram = »geheiligt, tabu«
Imam = »Vorbild«
Islam = »Hingabe an Gott«
Kaaba = »Würfel«
Kandil = »Öllampe«
Kismet = »ein von Gott vorbestimmtes Schicksal«
Maulid an-nabi = »Geburtstag des Propheten«
Moschee = »Ort der Niederwerfung«
Muezzin = »Gebetsausrufer«
Muhammad = »der Gepriesene«
Muslim = »der sich Gott Unterwerfende«
Schia = »Partei«
Sunna = »Tradition, überlieferte Norm«
Sure = »Reihe«
Ya Hussein = »O Hussein«

Chinesisch

Chun = »Frühling«
Jié = »Fest«
Kuàilè = »glücklich, fröhlich«
Xīnnián = »Neujahr«

Griechisch

Apostolos = »Gesandter, Sendbote, Apostel«
Biblia = »Paparusrolle, Bücher«
Christos = »Gesalbter«
Pentekosté = »fünfzigster«; Pfingsten
Synagoge = »Haus der Versammlung«

Hebräisch

Chanukka = »Einweihung«
Haggada = »Erzählung«

Jom Kippur = »Tag der Versöhnung«
Kol Nidre = »Alle Gelübde«
Magen David = »Schild Davids«
Megillat Esther = »Esther-Rolle, Buch Esther«
Menora = »Leuchter, Lampe«
Messias = »Gesalbter«
Omer = »Garbe, Opfergarbe«
Pessach, Passah = »vorbeigehen, verschonen«
Rabbanim = »Meister, Lehrer, Rabbiner«
Rosch ha-Schana = »Kopf des Jahres«
Schabbat = »Ruhe«
Schamasch = »Diener«
Schawuot = »Wochen«
Schemeni Azeret = »Schlussfest«
Seder = »Ordnung«
Simchat Tora = »Torafreude«
Sukka = »Laubhütte«
Tischa b'Aw = »der 9. Aw«

Hindi

Brachiatellium = »Ärmchen, Brezel«
Carnem levare = »Fleisch entfernen, Karneval«
Diwali = »Reihen von Lichtern«
Raksha Bandhan = »schützende Verbindung«
Ratha = »Kutsche, Wagen, Rad«
Trinitas = »Dreizahl«
Yatra = »Reise, Pilgerfahrt«

Lateinisch

Brachiatellium = »Ärmchen, Brezel«
Carnem levare = »Fleisch entfernen«, Karneval
Corpus Christi = »Leib des Herrn«
Cultus = Anbau, Pflege, Lebensform, Bildung, »Kultur«
Epiphania domini = Erscheinung des Herrn
Religio = Gottesfurcht, Frömmigkeit, Aberglaube
Ritus = heiliger Brauch, Festbrauch, »Ritual«
Trinitatis = »Dreizahl«

Mittelhochdeutsch

Vronlichnam = »Leib des Herrn«
Ze wihen nahten = »in den Heiligen Nächten«; Weihnachten

Pali

Magha = »Name des 3. Mondmonats«
Theravada = »Schule der Ältesten«
Tripitaka = »Drei Körbe«
Vassa = »Regen«; Monsunzeit

Persisch

Ayatolla = »Zeichen Gottes«
Mullah = »Hüter, Lehrer«
Pur = »Los«; Purim, Losfest

Sanskrit

Asalha = »Name des 8. Mondmonats (Thailand)«
Ashtami = »der Achte«
Atman = »Seele, Atem«
Avatara = »Abstieg«
Bhagavad Gita = »Gesang Gottes«
Bodhisattva = »erleuchtete Wesen«
Brahma = »das höchste Wesen«
Buddha = »der Erwachte«
Chaturthi = »der Vierte«
Devi = »Göttin«
Dharma = »Sitte, Recht, Gesetz, Lehre«
Guru = »Lehrer«
Jayanti = »Geburtstag«
Karma = »Wirken, Tat«
Lingam = »Symbol, Zeichen«
Magh = »Name des 11. Mondmonats«
Maha Ratri = »Große Nacht«
Mahayana = »Großes Fahrzeug«
Mantra = »Instrument der Rede, des Denkens«
Mela = »Versammlung«
Navami = »der Neunte«
Navaratri = »Neun Nächte«
Nirvana = »Verwehen, Verlöschen«
Panchami = »der Fünfte«
Parvati = »Tochter der Berge«
Puja = »Ehrerweisung, Verehrung«
Pavarana = »um Ermahnung bitten«
Ramayana = »Reise Ramas«; Epos
Sadhu = »Guter«
Sangha = »Gemeinschaft der Mönche«
Sankranti= »Sonnenwende«

Saraswati = »die Fließende«
Shakti = »Kraft«; Muttergöttin
Shiva = »der Gütige, der Segen«
Sutra = »Faden, Kette«
Tridevi = »Drei Göttinnen«
Trimurti = »Drei Formen«
Upavasatha = »Fasttag«
Vaisakha = Name des 2. Mondmonats
    (Hindu-Kalender)
Vajrayana = »Diamantfahrzeug«
Vasant = »Frühling«
Veda = »Wissen«
Vishnu = der Alldurchdringende

Tamilisch

Pongal = »Überkochen«; Neujahr

Tibetisch

Dalai Lama = »Ozeangleicher Lehrer«
Lama = »Gelehrter, Lehrer«
Losar = »Neues Jahr«
Tashi Delek = »Möge es dir wohlergehen!«;
    Neujahrswunsch

Register

Zum Schluss

Symbole der Religionen

In allen Religionen spielen Symbole eine große Rolle. Sie sind Sinnbilder dafür, was in einer Religion wichtig ist, und unverzichtbare Zeichen bei Festen.

Das wichtigste Symbol der Christen ist das Kreuz, an dem Jesus den Tod erlitten hat, um die Menschen zu erlösen. Durch den Querbalken wird die Verbundenheit der Christen untereinander ausgedrückt und durch den Längsbalken die Verbundenheit der Menschen mit Gott.

Der Davidstern ist das Symbol des Judentums. Die Ecken des Sterns stellen die zwölf Stämme Israels dar, die sechs Dreiecke stehen für die sechs Schöpfungstage und das Sechseck in der Mitte für den siebten Tag, den Sabbat.

(hebräisch Magen David = »Schild Davids«)

Seit achthundert Jahren bilden Mondsichel und Stern das Symbol für den Islam. Nach der Mondsichel wird auch die Zeit berechnet: Sieht man die Sichel das erste Mal nach Neumond, beginnt ein neuer Monat.

Symbol des Hinduismus ist das Schriftzeichen für die heilige Silbe »om«. Sie wird auf verschiedene Arten erklärt. Für die einen bedeutet sie das Universum und die Götter, die aus ihrem Klang entstanden sind, für andere den Anfang aller Zeiten und den höchsten Gott. Sie ist das wichtigste *Mantra* der Hindus am Anfang und Ende ihrer Gebete.

(sanskrit Mantra = »Instrument der Rede, des Denkens«)

Das Rad der Lehre, das *Dharma*-Rad, ist das Symbol des Buddhismus. Seine acht Speichen stehen für die acht Teile des Weges zur Erlösung. Sie gehören zum Kern der Lehre Buddhas. Die drei Ziele des Weges sind Weisheit, Tugend und Meditation.

(sanskrit Dharma = »Sitte, Recht, Gesetz, Lehre«)

Bibliografische Information der Deutschen Nationalbibliothek
Die Deutsche Nationalbibliothek verzeichnet diese Publikation in der
Deutschen Nationalbibliografie; detaillierte bibliografische Daten
sind im Internet über http://dnb.d-nb.de abrufbar.

© 2011 Sauerländer
Bibliographisches Institut GmbH
Dudenstraße 6, 68167 Mannheim
Alle Rechte vorbehalten
Umschlaggestaltung: h.o. pinxit, Basel
unter Verwendung von Illustrationen von Tilman Michalski
Druck: Sachsendruck Plauen GmbH,
Paul-Schneider-Straße 12, 08525 Plauen
ISBN 978-3-7941-7315-0
www.sauerlaender.de